中等职业教育汽车类专业新形态系列教材

# 纯电动汽车维护与保养
## （含工作页）

主　编　陈仁波　方作棋

副主编　何兆华　王科东　马遥遥
　　　　梁华霖　徐文权

科学出版社

北　京

# 内 容 简 介

　　本书涵盖了纯电动汽车维护与保养的知识点和技能点，内容分为纯电动汽车维护基础知识、高压电下电防护安全操作、动力电池的维护与保养、电机驱动系统的维护与保养、空调系统的维护与保养、外接充放电设备的使用与维护共 6 个项目、16 个任务。作者参考了英国和德国的汽修类课程职业教育体系，结合现代新能源汽车维修企业的典型工作任务、1+X 智能新能源考核方案，并根据新能源汽车维修技能大赛的设施设备和职业院校师生教与学的需求进行编写。本书以任务考核为导向，理论知识与实践操作并重，学生完成 16 个任务的理论和实践考核后，可获得对纯电动汽车进行维护和保养的能力。

　　本书包含丰富的微课视频资源，并配套教学课件，既可作为职业教育新能源汽车维修专业创新教材，也可作为汽车维修企业纯电动汽车从业人员的业务参考用书和培训教材，还可作为全国中等职业院校新能源汽车维修技能大赛比赛参考用书。

**图书在版编目（CIP）数据**

纯电动汽车维护与保养：含工作页/陈仁波，方作棋主编. —北京：科学出版社，2021.6

（中等职业教育汽车类专业新形态系列教材）

ISBN 978-7-03-067657-3

Ⅰ.①纯… Ⅱ.①陈… ②方… Ⅲ.①电动汽车－车辆保养－中等专业学校－教材 Ⅳ.①U469.72

中国版本图书馆 CIP 数据核字（2020）第 269479 号

责任编辑：陈砺川 / 责任校对：王颖
责任印制：吕春珉 / 封面设计：东方人华平面设计部

**科 学 出 版 社** 出版

北京东黄城根北街 16 号
邮政编码：100717
http://www.sciencep.com

**新科印刷有限公司** 印刷

科学出版社发行　　各地新华书店经销

*

2021 年 6 月第 一 版　　开本：787×1092　1/16
2021 年 6 月第一次印刷　　印张：14 1/2
字数：332 000

定价：**48.00 元（共两册）**

（如有印装质量问题，我社负责调换〈新科〉）
销售部电话 010-62136230　编辑部电话 010-62135397-2008

# 中等职业教育汽车类专业新形态系列教材
# 编写委员会

顾　问：李东江　《汽车维护与修理》杂志主编

中国汽车工程学会特聘专家

主　任：陆松波　慈溪市锦堂高级职业中学书记/校长

浙江省特级教师　正高级教师

编　委：张建强　吴晓斌　姚新明　朱滢元　王成波　肖福文　陈仁波

周　峰　郭　崇　陈冬峰　翁立东　朱汉楼　孟华霞　王瑞君

沈妙君　江文渊　阮秀平　方作棋

# 本书编写委员会

**主编**

陈仁波　宁波市职业技术教育中心学校
方作棋　宁波市鄞州职业高级中学

**副主编**

何兆华　宁波市职业技术教育中心学校
王科东　宁波市鄞州职业高级中学
马遥遥　宁波市职业技术教育中心学校
梁华霖　玉环市东方中学
徐文权　舟山职业技术学校

**参编**

麻建林　浙江泽近科技有限公司
周建民　宁波轿辰集团股份有限公司
顾黎君　桐乡技师学院
韩天龙　杭州职业技术学院
郭　崇　长兴县职业技术教育中心学校
李长松　哈尔滨市汽车职业高级中学校
金宏宇　哈尔滨市汽车职业高级中学校
王旭升　奉化职业教育中心学校
祁永飞　宁波市镇海区职业教育中心学校
余立科　慈溪市锦堂高级职业中学
柳志方　象山县技工学校
陈立定　余姚市职成教中心学校
姜　敏　宁海县技工学校
张　燕　杭州市临平职业高级中学
王彦华　舟山申通时代汽车销售服务有限公司
吴芝伟　浙江泽近科技有限公司
潘越广　北京交通运输职业学院
史懂深　天津交通职业学院
赵治国　深圳技师学院
王　晶　佛山市顺德区郑敬诒职业技术学校
林国荣　天台县职业中等专业学校

# 前言

2016 年 7 月，教育部发布《推进共建"一带一路"教育行动》，提出建立"一带一路"教育共同体，推进政策、渠道、语言、学历的相通与互认，为"一带一路"建设提供人才支持、智力服务和文化理解。为建设"一带一路"教育共同体，职业教育引入了西方优秀的课程体系。但在实施过程中发现，源自西方的课程体系与我们传统职业教育课程发生了碰撞、冲突和排斥，东西方课程的知识内容、考试形式、评价方式有一定差异。西方的职业教育课程为它诞生的国家培养了无数优秀的技术工人，保障了经济发展，提升了人民综合素质，整个社会发展又反哺职业教育，为职业教育提供了新的发展方向。我们对引进的西方优秀汽修职业课程要"量体裁衣"，在尊重企业需求和学校实际办学能力的前提下，对教学场景进行重塑，根据学生文化素质和动手能力，对课程内容进行优化，避免全盘照搬而造成课程的"水土不服"，需要将课程"本土化"来达成我们提高学生技能水平的目标。

纯电动汽车的维护与保养技能项目较多，全部项目都进入考试体系所耗时间太长，传统技能考核本着节约考试成本、提高考试效率的原则，在考试时以抽测为主，学生的知识技能水平未能完全表现出来，评价结果会存在一定偏差。作者在编写本书时参考了英国和德国成熟汽修课程的职业教育体系，结合现代新能源汽车维修企业的典型工作任务、1+X 智能新能源汽车考核方案，根据全国职业技能大赛新能源维修赛项的设施设备和职业院校教学需求进行编写。本书涵盖了纯电动汽车维护与保养从业人员需要掌握的知识和技能，并提供理论和实操考评题目，学生能够在练习和考评中提高技能操作水平。考评题目是互相关联的，学生在通过纯电动汽车维护基础知识、高压电下电防护安全操作考核后才能进行后面内容的学习，在进行后面内容的考评时又必须反复动手操作前面的内容，这种方式可强化学生基础技能和安全意识，学生的理论知识和实操技能也可通过反复训练得到提升。

相比较市面上其他新能源汽车教材，本书更加专注纯电动汽车，采用项目任务形式，突出纯电动汽车的维护与保养内容，加入工作页和考核表，让学生和老师能够直观地了解学习进度；配套教学课件和微课程视频，让师生的教与学更加轻松。在车型选择上，我们选用近期全国职业院校中职技能大赛的指定车型吉利帝豪 EV450 纯电动汽车作为教学车型，兼顾比亚迪、北汽等国内其他纯电动汽车。

本书在编写之初，就本着高起点、高标准、高要求的原则，成立了由国内一流的院校、一流的教师、一流的企业、一流的专家和一流的出版团队组成的编审团队，得到了宁波市教育局职成教教研室、宁波市职业技术教育中心学校、宁波市鄞州职业高级中学、慈溪市锦堂高级职业中学、长兴县职业技术教育中心学校、哈尔滨市汽车职业高级中学校、杭州市临平职业高级中学、宁波市镇海区职业教育中心学校、宁波市交通技工学校、象山县技工学校、桐乡技师学院、杭州职业技术学院、奉化职业教育中心学校、玉环市东方中学、舟山职业技术学校、余姚市职成教中心学校、宁海县技工学校、舟山申通时代汽车销售服务有限公司、北京中车行高新技术有限公司、英国诺丁汉学院、英国艾蒙特克公司、英国汽车工业学会（IMI）、宁波轿辰集团股份有限公司、浙江泽近科技有限公司、浙江炎培教育科技有限公司等单位的支持，在此表示衷心的感谢。

# 目录

CONTENTS

**项目1　纯电动汽车维护基础知识** ·········································· 1

　　任务1.1　电动汽车的基本认知 ·········································· 1

　　任务1.2　电动汽车基本维护设施与设备的使用 ·························· 8

　　任务1.3　电动汽车定期维护与保养项目认知 ···························· 14

**项目2　高压电下电防护安全操作** ·········································· 21

　　任务2.1　电动汽车车辆作业前准备 ······································ 21

　　任务2.2　作业前操作人员安全防护工作 ·································· 29

　　任务2.3　电动汽车高压部件的绝缘安全检查 ···························· 39

**项目3　动力电池的维护与保养** ············································ 57

　　任务3.1　动力电池的基本检查 ·········································· 57

　　任务3.2　动力电池的拆卸与更换 ········································ 65

　　任务3.3　电池管理系统的维护 ·········································· 72

**项目4　电机驱动系统的维护与保养** ········································ 81

　　任务4.1　电机驱动系统的基本检查 ······································ 81

　　任务4.2　电机控制系统的维护与保养 ···································· 94

　　任务4.3　减速器油的检查与更换 ········································ 102

**项目5　空调系统的维护与保养** ············································ 110

　　任务5.1　空调系统的基本检查 ·········································· 110

　　任务5.2　空调制冷剂的加注与回收 ······································ 120

**项目6　外接充放电设备的使用与维护** ······································ 133

　　任务6.1　车载充放电设备的使用与维护 ·································· 133

　　任务6.2　商用充电桩的使用 ············································ 141

**术语英中文对照表** ·······················································150

**参考文献** ·······························································151

# 项目 1　纯电动汽车维护基础知识

## 任务 1.1　电动汽车的基本认知

### 【客户委托】

出租车师傅老张上周告别了他开了 8 年的内燃机汽车，油价一直是他的心病，因为相对电价，价格较高的油价让他没挣到几个钱。最近他想换辆纯电动汽车作为他的新出租车，这样以后就不用担心油价的问题。同事告诉他，纯电动汽车比其他新能源汽车环保、性能好、行驶平稳、乘坐舒适、操纵稳定性好。老张同事说的对吗？请同学们帮他了解一下纯电动汽车的类型及结构，并帮他选一款合适的汽车。

电动汽车的
基本认知

### 【目标概述】

知识目标：
➢　能够解释纯电动汽车的特点。
➢　了解纯电动汽车的组成。
➢　了解电动汽车集中式驱动方式。
➢　了解分布式驱动电动汽车动力系统的组织构型。

技能目标：
➢　能够查阅、选择正确的技术资料。
➢　能够正确讲解一辆纯电动汽车的基本结构。
➢　能够正确查看车辆的内部结构。

### 【知识链接】

纯电动汽车是指以车载电源为动力，用电动机驱动车轮行驶，符合道路交通安全法规各项要求的车辆，一般采用高效率充电蓄电池为动力源。纯电动汽车不需要用内燃机，其电动机相当于传统汽车的发动机，蓄电池相当于原来的油箱，电能是二次能源，可以来源于风能、水能、热能、太阳能等。

### 1.1.1 纯电动汽车的特点

纯电动汽车具有以下几个主要特点。

➤ 零排放。纯电动汽车使用电能，在行驶中无废气排出，不污染环境。

➤ 能源效率高。电动汽车的能源效率已超过燃油汽车，特别是在城市中，电动汽车是比较适宜的交通工具。电动汽车停止时不消耗电量，在制动过程中，电机可以自动转换为发电机，实现制动减速时能量的再利用。

➤ 结构简单。因为使用单一的电能源，省去了发动机、变速器、油箱、冷却和排气系统等。

➤ 噪声低。电动汽车无内燃机产生的噪声，电机噪声也比内燃机小。

➤ 节约能源。电动汽车的应用可有效地减少对石油资源的依赖。

### 1.1.2 纯电动汽车的主要组成

纯电动汽车在传统汽车的底盘上，将发动机油箱等内燃机部件移除，加入动力电池、高压电控系统电机（特指电动机）驱动系统，靠单一电源驱动行驶。纯电动汽车的基本构造如图 1-1-1 所示。动力电池、高压电控系统和电机驱动系统称为纯电动汽车三大单元。

#### 1. 动力电池

动力电池随着电动汽车的种类不同而略有差异。在仅装备动力电池的纯电动汽车中，动力电池是汽车驱动系统的唯一动力源。动力电池分为铅酸电池、镍镉电池、镍氢电池、钠硫电池、锂电池及空气电池等，纯电动汽车上的动力电池一般以锂电池居多。锂电池根据正负极材料分为三元电池、磷酸铁锂电池和钛酸锂电池。纯电动汽车的动力电池包如图 1-1-2 所示。

动力电池

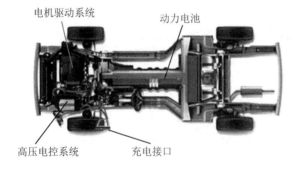

图 1-1-1　纯电动汽车的基本构造

图 1-1-2　纯电动汽车的动力电池包

#### 2. 高压电控系统

高压电控系统由高压配电盒（power distributor unit，PDU）、维修开关、电压转换器（DC-DC）和车载充电器（on-board charger，OBC）组成。

➤ 高压配电盒：为整车高压电的一个电源分配装置，类似于低压电路系统中的电器熔丝盒。

> 维修开关：介于动力电池和 PDU 之间，当维修动力电池时，使用它可以进行整车高压电的切断，确保维修安全。通常也会集成在 PDU 上。

> 电压转换器：将动力电池的高压直流电转化为整车用电器需要的低压直流电后供给蓄电池，以保持整车用电平衡。

> 车载充电器：将交流电转化为直流电。

受整车布置的影响，越来越多的车型趋向于将 DC-DC 与 OBC 整合为二合一控制器，甚至将 PDU、DC-DC 与 OBC 整合为三合一集成控制器，如图 1-1-3 所示。

电机控制器

3. 电机驱动系统

电动汽车的电机驱动系统主要由电机控制器（MCU）与驱动电机共同组成，如图 1-1-4 所示。

> 电机控制器：将高压直流电转化为交流电，并与整车控制器及其他模块进行信号交互，实现对驱动电机的有效控制。

电机与减速器

> 驱动电机：按照电机控制器的指令，将电能转化为机械能，输出给车辆的传动系统。同时，也可以将行驶中产生的机械能（如制动效能）转化为电能，通过车载充电器输送给动力电池。当前主流驱动电机包括永磁同步电机和三相交流异步电机（如特斯拉）。

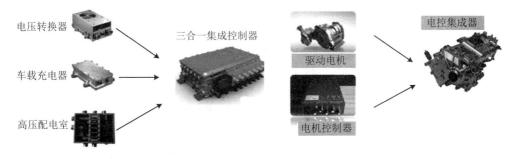

图 1-1-3　高压电控系统　　　　　图 1-1-4　电机驱动系统

电机驱动系统的工作方式有：

1）电机控制器将动力电池提供的直流电转化为交流电，然后输出给电机。

2）通过电机的止转来实现整车加速、减速；通过电机的反转来实现倒车。

3）电机驱动系统通过有效的控制策略，控制动力总成以最佳方式协调工作。

### 1.1.3　电动汽车类型

1. 按电动汽车驱动方式分类

（1）传统集中式驱动结构类型

传统集中式驱动结构电动汽车与传统内燃机汽车的驱动结构布置方式相似，用电机及相关部件替换内燃机，通过变速器、减速器等机械传动装置，将电机输出力矩传递到左右车轮以驱动汽车行驶。传统集中式驱动结构如图 1-1-5 所示。

（2）分布式驱动结构类型

按照动力系统的组织构型，分布式驱动结构电动汽车可分为两种：轮边电机驱动和轮毂电机驱动。

1）轮边电机驱动是将驱动电机安放于副车架上，驱动轮从其对应侧输出轴获取驱动力，如图 1-1-6 所示。

图 1-1-5　传统集中式驱动结构　　　　　图 1-1-6　轮边电机驱动

2）轮毂电机驱动是将电机和减速机构直接放在轮辋中，取消了半轴、万向节、差速器、变速器等传动部件，如图 1-1-7 所示。

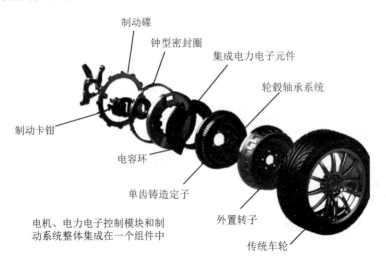

图 1-1-7　轮毂电机驱动

轮边电机驱动和轮毂电机驱动均具有结构紧凑、车身内部空间利用率高、整车重心低、行驶稳定性好等优点。

**2. 按电动汽车用途分类**

按照用途，纯电动汽车可分为电动轿车、电动货车和电动客车三种。

1）电动轿车：是目前最常见的纯电动汽车。除了一些概念车，纯电动轿车已经在批量生产，并已进入汽车市场。

2）电动货车：用作运输的电动货车比较少，但在矿山、工地及一些特殊场地，早已出现了一些大吨位的纯电动载货汽车。

　　3）电动客车：纯电动小客车较少见；目前，纯电动大客车多用作公共汽车。

　　**3. 按电动汽车车载电源分类**

　　（1）单电源纯电动汽车

　　单电源纯电动汽车的主要电源一般是蓄电池，如铅酸蓄电池、镍氢电池、锂电池等。单电源纯电动汽车的结构较为简单，控制也比较简单，主要缺点是主电源瞬时输出功率容易受蓄电池性能的影响，车辆制动能量的回馈效率也会受制于蓄电池的最大可接受电流及蓄电池的荷电状态。

　　（2）多电源纯电动汽车

　　多电源纯电动汽车的电源一般由蓄电池加蓄能装置构成。采用蓄电池加超级电容或蓄电池加飞轮电池的电源组合，可以降低对蓄电池的容量、比能量、比功率等的要求。当汽车起步、加速、爬坡时，辅助蓄能装置（超级电容、飞轮电池）可在短时间内输出大功率，协助蓄电池供电，使电动汽车的动力性得到提高；当汽车制动时，辅助蓄能装置可接受大电流充电，提高制动能量回馈的效率。如图 1-1-8 所示为超级电容客车。

图 1-1-8　超级电容客车

**1.1.4　常见的纯电动汽车**

　　帝豪 EV450、长安逸动 EV460、蔚来 ES8 和特斯拉 Model 3 是目前市场上较为常见的纯电动汽车车型，都能够达到续航里程 400km 以上，电池采用锂电池，电机采用永磁同步电机。

　　**1. 帝豪 EV450 介绍**

　　帝豪 EV450 是由吉利汽车生产的新能源纯电动汽车，整体风格比较符合大众口味，走的是内敛中庸的路线。涟漪式格栅采用了封闭式处理，前大灯组的内部结构也更加复杂。同时，其保险杠下方的黑色横幅格栅营造了贯穿式的效果。帝豪 EV450 的电池容量是 52kW·h，续航里程为 400km，0～100km/h 的加速成绩为 9.3s。新出的升级版本帝豪 EV450 续航能力达到 3500km，电池容量提升至 61.9kW·h。如图 1-1-9 所示为帝豪 EV450 纯电动汽车。

图 1-1-9　帝豪 EV450

**2. 长安逸动 EV460 介绍**

长安逸动 EV460 是由长安汽车生产的第二代逸动新能源汽车，其外形设计在燃油版车型基础上，针对细节做出了带有电动车型特色的改变。燃油车型上的黑色中网被改成了全封闭样式，精致感与辨识度也丝毫不逊于燃油版车型。长安逸动 EV460 的电池容量是52.56kW·h，续航里程为 405km，0～100km/h 的加速成绩为 10.12s。如图 1-1-10 所示为长安逸动 EV460 纯电动汽车。

**3. 比亚迪秦 EV450 介绍**

比亚迪秦 EV450 是由比亚迪汽车生产的纯电动汽车，其外观设计比较年轻化，中网材料为镀铬装饰条外加钢琴烤漆的材质，提升了外观的整体质感，也更具科技未来感。秦 EV450的电池容量为 60.48kW·h，续航里程为 400km，0～100km/h 的加速成绩是 7.9s。新上市的秦 PLUS EV 搭载了电池能量密度更高的刀片电池，电池容量达到 71.7kW·h，行驶里程提升至 600km。如图 1-1-11 所示为比亚迪秦 EV450 纯电动汽车。

图 1-1-10　长安逸动 EV460

图 1-1-11　比亚迪秦 EV450

**4. 蔚来 ES8 介绍**

蔚来汽车是一个刚创立不久的中国汽车品牌，是 2014 年由刘强东、腾讯、李斌等人或企业投资联合创立的汽车品牌。它获得了各个互联网巨头的投资，以极其华丽的身份出场，一时间轰动了汽车界。蔚来 ES8 外观采用受年轻人欢迎的前进气格栅的设计，搭配"大嘴"式大灯，看起来霸气十足。搭载的 160kW 永磁电机加上 240kW 感应电机，最大功率为 400kW，拥有 725 N·m 的强劲动力。电池容量 100 kW·h，续航可达 580km，且百公里的加速时间仅为 4.9s。如图 1-1-12 所示为蔚来 ES8 纯电动汽车。

5. 特斯拉 Model 3 介绍

特斯拉 Model 3 为美国特斯拉电动车及能源公司生产的纯电动汽车,是特斯拉系列产品里最具性价比的车型。Model 3 的整车设计很立体,被不少人称为"伏地魔"造型的前脸看起来和传统燃油汽车有着明显的区别,前脸取消了进气格栅,看起来很有未来感,这也是特斯拉家族的最新设计。圆润简洁的前脸风格明显有别于传统的燃油车。前包围上只有雷达探头,提高了车头的简洁程度,让前包围的整体性也更强。特斯拉 Model 3 的电池容量为 76.8kW·h,续航里程为 605km,0~100km/h 的加速成绩是 3.3s。如图 1-1-13 所示为特斯拉 Model 3 纯电动汽车。

图 1-1-12　蔚来 ES8

图 1-1-13　特斯拉 Model 3

表 1-1-1 汇总了前面介绍的常见纯电动汽车车型的价格及参数。

表 1-1-1　常见纯电动汽车车型的价格及参数

| 品牌车型 | 价格/万元 | 最高续航里程/km |
| --- | --- | --- |
| 帝豪 EV450 | 13.58~15.58 | 500 |
| 长安逸动 EV460 | 12.99~13.99 | 405 |
| 比亚迪秦 PLUS EV | 10.58~16.58 | 600 |
| 蔚来 ES8 | 40.36~60.60 | 580 |
| 特斯拉 Model 3 | 26.75~33.99 | 605 |

【知识拓展】

目前,可大致将新能源汽车划分为纯电动汽车、增程式电动汽车、插电式混合动力汽车及非插电式混合动力汽车。

➢ 纯电动汽车:指仅装备动力电池,由电动机驱动的车辆。
➢ 增程式电动汽车:指能外接充电电源和车载充电,由电动机驱动的车辆。
➢ 插电式混合动力汽车:能外接充电电源的混合动力车辆。
➢ 非插电式混合动力汽车:不能外接充电电源的混合动力车辆。

纯电动汽车和增程式电动汽车属于电动汽车范畴,而插电式混合动力汽车和非插电式混合动力汽车是混合动力汽车的一种分类。

插电式混合动力汽车与非插电混合动力汽车的区别是：非插电混合动力汽车的电池容量很小，仅在起/停、加/减速的时候供应/回收能量，不能外部充电，不能用纯电模式较长距离行驶；插电式混合动力汽车的电池相对比较大，可以外部充电，可以用纯电模式行驶，电池电量耗尽后再以混合动力模式（以内燃机为主）行驶，并适时向电池充电。如图 1-1-14 所示为混合动力汽车结构。

图 1-1-14　混合动力汽车

## 任务 1.2　电动汽车基本维护设施与设备的使用

**【客户委托】**

电动汽车基本维护设施与设备的使用

　　昨天下班的时候，4S 店里接了一辆车，需要在今天上午 9:30 前完成保养检查，为了不影响客户出行，老刘比平时提前半小时来到车间。老刘知道纯电动汽车维修对场地安全标准要求很高，因此他每天都会花半个小时来检查和维修工位的设施设备。下面请同学们来了解一下他所检查的项目。

**【目标概述】**

知识目标：
➢　熟悉纯电动汽车维修安全作业环境。
➢　掌握检查和保管安全防护设施的方法。
➢　了解维修事故抢救流程。
技能目标：
➢　能够实施纯电动汽车维修场地的检查。
➢　能够检查、保养维修设备。
➢　能够正确使用 AED 抢救伤员。

**【知识链接】**

### 1.2.1　纯电动汽车维修场地工位布置

由于纯电动汽车在驱动方式上有别于传统汽车，在用电方面相对于传统汽车的保养和维修有特殊的要求，在维修技术上也与传统汽车有很大差别。维修场地的设施设备要保障工人维修作业安全，应合理配置工位安全防护设施和基本工具设备。纯电动汽车维修工位如图 1-2-1 所示。

1. 工位安全防护设施

（1）绝缘地胶

纯电动汽车的电压要比传统汽车高，对场地有更高的绝缘要求，应在维修场地铺设绝缘地胶，绝缘地胶是耐电击穿的较大的胶垫，主要采用 NR、SBR 和 IIR 等绝缘性能优良的非极性橡胶制造，如图 1-2-2 所示。

图 1-2-1　纯电动汽车维修工位　　　　　　图 1-2-2　绝缘地胶

按照绝缘地胶的电压等级分类，可将其分为 5kV、10kV、15kV、20kV、25kV、30kV 和 35kV。

按照绝缘地胶的颜色分类，可将其分为黑色绝缘胶垫、红色绝缘胶垫、绿色绝缘胶垫、黑绿复合绝缘胶垫。

按照绝缘地胶的厚度分类，可将其分为 2mm、3mm、4mm、5mm、6mm、8mm、10mm 和 12mm。

按照绝缘地胶的宽度分类，可将其分为 1m、1.2m 和 1.5m。

绝缘地胶的质量标准要求如下。

➢ 斑痕或凹凸不平：深度或高度不得超过胶垫厚度公差。

➢ 气泡：每平方米内面积不大于 $1cm^2$ 的气泡不超过 5 个，任意两个气泡间的距离不小于 40mm。

➢ 边缘不齐或海绵状：宽度不超过 10mm，长度不超过胶垫总长的 1/10。

➢ 裂纹：不允许有。

（2）隔离栏

在纯电动汽车维修中要确保维修作业空间独立，环境整洁，避免无防护设备和安全操作资质人员进入，必须设置隔离栏和警告标语，如图 1-2-3 所示。

图 1-2-3　隔离栏和警告标语

（3）灭火器

如果在纯电动汽车维修作业过程中发生火灾，可使用以下几种灭火器。

➤　四氯化碳灭火器：对电气设备发生的火灾具有较好的灭火作用，四氯化碳不燃烧，也不导电。

➤　二氧化碳灭火器：最适合扑救电气及电子设备发生的火灾，二氧化碳没有腐蚀作用，不致损坏设备。

➤　干粉灭火器：综合了四氯化碳灭火器和二氧化碳灭火器的长处，适合扑救电气火灾，灭火速度快。

> **注意**
>
> 绝对不能用酸碱或泡沫灭火器，因其灭火药液有导电性，手持灭火器的人员会触电。这种药液还会强烈腐蚀电气设备，且事后不易清除。

如表 1-2-1 所示为不同火灾类型适用的灭火器。

表 1-2-1　不同火灾类型适用的灭火器

| 灭火器类型 | | A类火灾 含碳固体火灾 | B类火灾 油品火灾 | B类火灾 水溶性液体火灾 | C类火灾 可燃性气体火灾 | D类火灾 电气设备火灾 | 使用温度范围/℃ |
|---|---|---|---|---|---|---|---|
| 水型 | 清水 | 适用 | 不适用 | 不适用 | 不适用 | 不适用 | 4～55 |
| 水型 | 酸碱 | 适用 | 不适用 | 不适用 | 不适用 | 不适用 | 4～55 |
| 干粉型 | 磷酸铵盐 | 适用 | 适用 | 适用 | 适用 | 适用 | -10～55 |
| 干粉型 | 碳酸氢钠 | 不适用 | 适用 | 适用 | 适用 | 适用 | -10～55 |
| 化学泡沫 | | 适用 | 适用 | 不适用 | 不适用 | 不适用 | 4～55 |
| 卤代烷型 | 1211 | 适用 | 适用 | 适用 | 适用 | 适用 | -20～55 |
| 卤代烷型 | 1301 | 适用 | 适用 | 适用 | 适用 | 适用 | -20～55 |
| 二氧化碳 | | 不适用 | 适用 | 适用 | 适用 | 适用 | -10～55 |

图 1-2-4　AED

（4）自动体外除颤器

在维修场地会配备一台自动体外除颤器（automated external defibrillator，AED），如图 1-2-4 所示。AED 是一种便携式、易于操作、稍加培训即能熟练使用、专为现场急救设计的急救设备，需要每日检查设备情况，确保发生紧急事故时能够第一时间拿到并无故障。

使用 AED 进行急救时需施救人员逐步操作。首先在除颤前必须确定被抢救者具有"三无症状"，即"无意识、无脉搏、无呼吸"。具体操作步骤如下。

1）确定患者已心脏骤停。

2）拨打999或120，并准备使用AED。

3）如确认患者呼吸停止，要立即进行心肺复苏（CPR）。

4）进行两分钟的CPR。

5）把AED放在病人身旁，打开AED。

6）解开患者衣服。

7）按使用说明，将两个电极片贴在患者左上胸和右上胸。

8）停止CPR，不要接触患者，等待AED分析心律。

9）若AED显示"建议电击"，应提醒所有人不要接触患者，并确认。

10）按下电击键，除颤后，继续两分钟的CPR，完成后等待AED分析心律。

11）若AED显示"不需电击"，应再次进行两分钟的CPR，再由AED分析心律。

12）在患者尚未苏醒和救护车到达之前，应AED和CPR交替使用。

AED能够提高心脏猝死患者的抢救成活率，可以使心室颤动患者的心律恢复正常，使更多需要除颤的患者获得有效的医疗急救。实验证明，对于心脏骤停的患者，每提前除颤1分钟，其成活率就增加7%～10%，从而能更多地挽救生命。

2. 维修工位设备布局

纯电动汽车维修工位的气路、电路应布局合理、排污顺畅、环境整洁。

（1）气路

气路的要求如下。

➢ 压缩空气站要求出气量在1m³/min以上。

➢ 主管道直径要求1in（1in=2.54cm）以上，分管道通过三通阀向上分流引出。

➢ 气路管路沿着墙壁布置，可以布置在高度不超过1m的下方或在靠近车间顶板的位置。在每个工位至少要留出两个接口，每个接口安装有开关，安装1～2个母端快速接头，或者在每个工位留两个抽拉式的压缩空气管。

➢ 在每个工位出气口前安装油水分离器。

压缩空气站布置如图1-2-5所示。

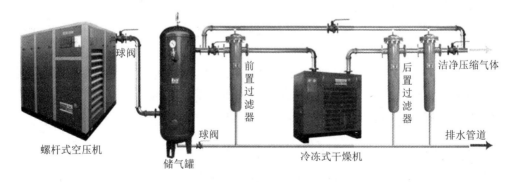

图1-2-5　压缩空气站布置图

（2）电路

电路的要求如下。

➢ 配备三相电压，在维修工位附近设置电流不小于 60A 的配电箱。

➢ 每个工位设置两个三孔插座，接地良好。

### 1.2.2 纯电动汽车维修基本工具设备

在配备传统汽车维修工具设备的同时，纯电动汽车的维修应根据汽车结构和工作特点选用合适的工具设备。

1. 龙门举升机

维修和保养纯电动汽车可以使用各种型号的举升机，但是由于动力电池包比较大，而且在车身下方操作需要较多空间，因此龙门举升机（见图 1-2-6）能更好地适应纯电动汽车的维修和保养。

图 1-2-6 龙门举升机

使用举升机时应注意以下事项。

➢ 使用前应清除举升机附近妨碍作业的器具及杂物，并检查操作手柄是否正常。

➢ 操作机构灵敏有效，液压系统不允许有爬行现象。

➢ 支车时，4 个支角应在同一平面上，调整支角胶垫高度，使其接触车辆底盘支撑部位。

➢ 支车时，车辆不可支得过高，支起后 4 个托架要锁紧。

➢ 待举升车辆驶入后，应对举升机支撑块进行调整移动，对正该车型规定的举升点。

➢ 举升时，人员应离开车辆，举升到需要高度时，必须插入保险锁销，并确保安全可靠后才可开始车底作业。

➢ 除低工作强度保养及小修项目外，其他烦琐笨重作业不得在举升机上操作修理。

➢ 举升机不得频繁起落。

➢ 支车时举升要稳，降落要慢。

➢ 有人作业时严禁升降举升机。

➢ 发现操作机构不灵敏、电机不同步、托架不平或液压部分漏油时应及时报修，不得带病操作。

➢ 作业完毕后应清除杂物，打扫举升机周围以保持场地整洁。

➢ 定期（半年）排除举升机油缸积水，并检查油量，油量不足应及时加注相同牌号的压力油。同时应检查润滑、举升机传动齿轮及密封条。

2. 电池举升机

更换纯电动汽车的动力电池组时，使用电池举升机能够方便电池的拆卸、安装、检测与维修。电池举升机主要由底座、液压缸、支撑台、工作台和举升电机组成，如图 1-2-7 所示。

电池举升机由于底座较小，使用时应缓慢移动，防止倾倒。举升动力电池包时，一定要等电池包在举升机上完全放稳后，将举升机下降至最低高度才能移动。

3. 绝缘工具

在纯电动汽车维修中需要用到放电棒、绝缘旋具、绝缘扳手等工具，如图 1-2-8 所示。维修前应及时查询原厂维修手册，判断工具的使用条件。

图 1-2-7　电池举升机

图 1-2-8　绝缘工具

绝缘工具通常由两个绝缘层组成。工具内部绝缘层为黄色，外层为橘色，这种双绝缘的作用是为使用者提供安全预警，若工具绝缘部分磨损或被破坏，露出内部黄色的绝缘层，则应立即更换。

【知识拓展】

电工证是电工特种行业操作证的简称，是从事电气安装、试验、检修、运行等作业的许可凭证。电工的分类很多，如按属性可分为社会电工和行业电工；按工作性质可分为安装电工、运行（值班）电工、维修电工和生产管理电工；按工作范围可分为企业电工、农村电工、建筑电工、物业电工；按技术等级可分为初级电工、中级电工、高级电工等；按电压性质可分为高压电工、低压电工和特种电工；按电压高低可分为强电电工、弱电电工等。

电工特种作业操作证也是安监管理部门对单位进行安全生产检查的重要内容之一，是追究单位和作业人员安全事故责任的重要依据。从事低压电气操作、安装、维修等工作的人员，必须取得电工特种作业操作证方可上岗工作。从事纯电动汽车维修工作必须持有低压电工作业证，如图 1-2-9 所示。

图 1-2-9　低压电工作业证

# 任务 1.3　电动汽车定期维护与保养项目认知

## 【客户委托】

早上 8:00，刘师傅检查了保养工位实施设备的情况，全部符合要求。客户 9:30 来取车，刘师傅要在 90min 内完成这辆吉利帝豪 EV450 的定期维护与保养，确保客户能够在下一个保养周期之前正常安全行驶车辆。那么，在这 90min 内，都需要做哪些定期维护与保养项目呢？

## 【目标概述】

知识目标：
➤ 能解释安全带的作用。
➤ 了解安全气囊系统的工作过程。
技能目标：
➤ 能准确写出仪表指示灯的名称。
➤ 能够整理分类纯电动汽车的定期维护与保养内容。

电动汽车定期维护与保养项目认知

## 【知识链接】

纯电动汽车和燃油汽车在保养上有一定的区别，因为纯电动汽车的动力电池组与电机代替了燃油汽车的发动机，其变速箱与燃油汽车的变速箱也有一定的不同，相同的是底盘和电器部分。燃油汽车的保养内容主要是发动机的保养，而纯电动汽车的保养内容是动力电池组和电机的日常维护。

### 1.3.1　纯电动汽车车内基本检查操作

纯电动汽车与燃油汽车在使用过程中有所区别，由于电池、电机、电控三个系统的加入，在车辆安全操作及仪表指示方面应更加注意。

1. 安全带检查

安全带可以将车内人员固定在座椅上，当车辆紧急制动、突然转向或发生碰撞事故时，安全带能防止车内人员大幅移动和碰撞，从而减少车内人员的伤亡。汽车安全带在车内的分布如图 1-3-1 所示。

若车辆使用时间较长，安全带可能会老化，最主要的表现是内部卷绕器老化，安全带会过松或不能及时拉紧，此时安全带已经失效。因此要经常检查安全带，并正确保养和使用。

检查安全带的方法如下：缓慢用手将安全带向下拉时，安全带应能顺利地从卷绕器中拉出；猛地拉安全带时，应该拉不动；否则，为安全带失效。安全带使用完毕后按下按钮插头即可脱出。此外，还要看所有固定安全带的螺栓是否拧紧，螺栓周围应涂上密封胶。

安全带脏污时可用软肥皂和水做清洁液，用布或海绵擦洗，不要使用染料和漂白剂，否则会腐蚀安全带，从而降低其抗拉强度，也不要用硬刷去刷，以免对安全带造成损伤。

### 2. 安全气囊检查

安全气囊是辅助安全系统的一部分，需要与安全带配合使用，安全气囊系统可以在较严重的正面碰撞事故中，对驾乘人员的头部和胸部提供额外的防护。

当汽车受到撞击时，安全气囊的撞击传感器发出信号给气囊电脑，气囊电脑控制充气系统工作，产生大量氮气，从而打开安全气囊，如图 1-3-2 所示。

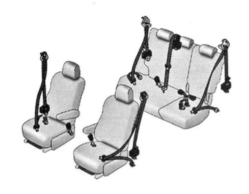

图 1-3-1　汽车内安全带的分布　　　　　图 1-3-2　安全气囊系统工作原理

单独的安全气囊不能保证乘员安全，安全气囊和安全带必须结合使用。安全气囊是一种被动安全装置，在汽车运行时，驾驶员和乘客必须系好安全带。车辆仪表板上装有安全气囊指示灯，正常情况下，当点火开关转到 ACC 或 ON 位置时，警示灯亮四五秒自查，然后熄灭。如果警告灯一直亮着，则表示安全气囊系统故障，应立即修理，以免导致安全气囊故障或误弹出。

### 3. 仪表系统检查

纯电动汽车的仪表系统沿用传统汽车仪表，有着丰富的信息指示，可以给驾驶员提供详细的车辆技术参数。如图 1-3-3 所示为帝豪 EV450 的仪表。

图 1-3-3　帝豪 EV450 的仪表

仪表上用各种颜色指示灯来指示车辆信息，给驾驶员提供运行参数，如表 1-3-1 所示。

表 1-3-1  警告灯与指示灯及其含义

| 序号 | 名称 | 图像 | 颜色 |
| --- | --- | --- | --- |
| 1 | 电机及控制器过热指示灯 | | 红 |
| 2 | 安全气囊故障指示灯 | | 红 |
| 3 | 驻车制动指示灯 | | 红 |
| 4 | 驻车系统故障指示灯 | | 黄 |
| 5 | 左转向指示灯 | | 绿 |
| 6 | 右转向指示灯 | | 绿 |
| 7 | 蓄电池充放电状态指示灯 | | 红 |
| 8 | 运行准备就绪指示灯 | READY | 绿 |
| 9 | ECO 模式指示灯 | | 绿 |
| 10 | ECO+模式指示灯 | | 绿 |
| 11 | SPORT 模式指示灯 | | 红 |
| 12 | 充电线连接指示灯 | | 红 |
| 13 | 减速器故障指示灯 | | 红 |
| 14 | 制动系统故障指示灯 | | 红 |
| 15 | 功率限制指示灯 | | 黄 |
| 16 | 动力蓄电池故障指示灯 | | 红 |
| 17 | 动力电池充电指示灯 | | 黄 |
| 18 | 位置指示灯 | | 绿 |
| 19 | 远光指示灯 | | 蓝 |
| 20 | 后雾灯指示灯 | | 黄 |
| 21 | 日间行车指示灯 | | 绿 |
| 22 | 安全带未系报警指示灯 | | 红 |
| 23 | 胎压监测系统故障指示灯 | TPMS | 黄 |
| 24 | 胎压异常指示灯 | | 黄 |
| 25 | ABS、EBD 故障指示灯 | EBD | 黄 |
| 26 | 电子稳定控制系统（ESP）故障指示灯 | | 黄 |
| 27 | 电子稳定控制系统（ESP）关闭指示灯 | | 黄 |
| 28 | 巡航指示灯 | | 绿 |
| 29 | 电动助力转向系统故障指示灯 | EPS | 黄 |
| 30 | 系统故障指示灯 | | 红 |
| 31 | 保养提示指示灯 | | 黄 |

4. 指示灯作用

1）电机及控制器过热指示灯。该指示灯用于提示驱动电机及控制器的温度情况，在驱动电机及控制器过热的情况下点亮。

2）安全气囊故障指示灯。当启动开关打到 ON 位置时，系统先进行自检，无故障时熄灭。如果出现了电气故障，该指示灯亮起。系统检测包括安全气囊传感器、安全气囊模块、布线、布线接口处及碰撞感应和系统控制模块。

3）驻车制动指示灯。如果已启动电子驻车制动器，该灯常亮直至释放电子驻车制动器。

4）驻车系统故障指示灯。当电子驻车制动系统故障时，该指示灯亮。

5）左转向指示灯。车辆左转向或左侧变换车道时应开启左转向灯，此时左转向灯与左转向指示灯同时闪烁。

6）右转向指示灯。车辆右转向或右侧变换车道时应开启右转向灯，此时右转向灯与右转向指示灯同时闪烁。若左转向或右转向指示灯约双倍频率闪烁，说明同侧转向指示灯存在故障，需要进行检修。

7）蓄电池充放电状态指示灯。当该指示灯点亮时，表明蓄电池对外放电，充电时则不亮。

8）运行准备就绪指示灯。该指示灯（READY 灯）在汽车一切准备就绪，可以正常行驶时点亮。若 READY 灯不亮，则表明车身有故障或有其他条件不满足，汽车未能完全就绪，尚不能正常行驶。

9）ECO 模式和 ECO+模式指示灯。该指示灯用于指示行车模式状态。ECO+模式为新动力节能模式，比 ECO 模式更节能，在该模式下行驶可使汽车续航里程更长。

10）SPORT 模式指示灯。该指示灯用于指示行车模式状态，SPORT 模式为运动挡，控制系统将使车辆动力性能更好，但同时会造成电能消耗增加。

11）充电线连接指示灯。该指示灯用于指示充电线连接状态，当充电线连接时，该指示灯亮。

12）减速器故障指示灯。该指示灯用于指示减速器是否发生故障，当减速器发生故障时，该指示灯点亮。

13）制动系统故障指示灯。当启动开关打到 ON 位置或启动车辆时，该警告灯会亮起 3s，表示系统进行自检。如果指示灯亮起，表示制动液过低或有制动故障，需要立即检查制动系统。

14）功率限制指示灯。当车辆出现某些特定故障时，车辆的功率将受到限制。该指示灯用于指示功率限制状态，此指示灯点亮时，车辆的加速性能会大幅降低。

15）动力蓄电池故障指示灯。该指示灯用于指示动力蓄电池是否发生故障，当动力蓄电池发生故障时，该指示灯点亮。

16）动力电池充电指示灯。该指示灯点亮表明动力电池正在充电。

17）位置指示灯。打开位置灯时，该指示灯亮起，指示车辆位置。

18）远光指示灯。打开远光灯时，该指示灯亮起。

19）后雾灯指示灯。打开后雾灯时，该指示灯亮起。

20）日间行车指示灯。当车辆启动时，该指示灯点亮。

21）安全带未系报警指示灯。该指示灯用于指示安全带状态，在安全带未系时点亮，直到安全带系上后，该指示灯熄灭。

22）TPMS（胎压监测系统）故障指示灯。当启动开关打到 ON 位置时，胎压监测系统自检，该灯会短暂点亮；若胎压监测系统检测到胎压过高或过低，接收器将持续点亮 TPMS 指示灯以警告驾驶员；如果 TPMS 指示灯闪烁则为学习状态。

23）胎压异常指示灯。当启动开关打到 ON 位置时，该灯会短暂点亮，3s 后熄灭。它提供了轮胎压力是否在合理范围的信息。指示灯一直点亮表示一个或多个轮胎充气压力不足或者压力过大。

24）ABS（防抱死制动系统）、EBD（制动辅助系统）故障指示灯。当启动开关打到 ON 位置时，ABS 和 EBD 指示灯会亮起。如果防抱死制动系统及制动辅助系统作用正常，则几秒后此灯就会熄灭；车辆启动或行驶时，如果此系统发生故障，则 ABS 和 EBD 指示灯会点亮。如果行驶时此灯亮起又熄灭，而且没有再次亮起则视为正常。当 ABS 和 EBD 指示灯亮起时（制动故障指示灯未亮），防抱死系统会丧失其功能，但仍可维持传统方式的制动作用。但在紧急制动或在湿滑路面制动时，车辆有可能会因抱死而打滑。

25）电子稳定控制系统（ESP）故障与电子稳定控制系统（ESP）关闭指示灯。提示车身电子稳定控制系统状态。

26）巡航指示灯。显示巡航打开或者关闭。

27）电动助力转向系统故障指示灯。提示电动助力是否正常工作。

28）系统故障指示灯。提示车辆系统故障。

29）保养提示指示灯。指示保养时间，提示驾驶员对车辆进行保养，保养后清除。

## 1.3.2 纯电动汽车定期维护与保养项目

通常，纯电动汽车定期维护与保养（简称维保）全车完整项目包括制动系统、空调系统、充电系统、底盘、车身、动力系统、冷却系统、车载充电机、全车灯光等 9 个部分。纯电动汽车每行驶 10000km 或者 6 个月就必须做定期维保，在进行作业时会将这 9 个部分的检查作业融合在定期维保的 27 个子项目中。帝豪 EV450 定维保内容如表 1-3-2 所示。

表 1-3-2  帝豪 EV450 定期保养标准

| 序号 | 保养项目 | 首次 3000km，以后每间隔 6 个月或行驶 10000km | 规格及标准 |
|------|----------|------------------------|------------|
| 1 | 外露螺栓、螺母 | D | 外露螺栓、螺母，按规定力矩检查并拧紧到位 |
| 2 | 制动性能 | B、D、R | 制动性能检查，必要时调整，或按情况需要更换制动摩擦片 |
| 3 | 制动液检查 | C | 检查制动油液容量，不足时添加符合 GB12981 中的 DOT4 或 HZY4 型制动液 |
| 4 | 制动液更换 | R | 每行驶 2 年或 30000km 必须更换制动液，特别恶劣情况下每行驶 1 年或 20000km 更换制动液 |
| 5 | 制动软管和硬管 | D | 是否漏油、损坏、紧固、定位 |
| 6 | 制动软管、制动皮碗更换 | R | 每行驶 2 年必须更换，特别恶劣情况下每行驶 1 年更换 |
| 7 | 轮胎 | C、D、R | 检查冷轮胎充气压力是否正常，前轮 240kPa，后轮 240kPa；检查轮胎花纹深度，必要时更换 |
| 8 | 四轮定位 | B、D | 营运车首次 8000km 做一次四轮定位，以后视车辆情况确定 |
| 9 | 全车灯光 | D | 功能 |
| 10 | 喇叭、刮水器、洗涤器 | D | 功能 |

续表

| 序号 | 保养项目 | 首次 3000km, 以后每间隔 6 个月或行驶 10000km | 规格及标准 |
|---|---|---|---|
| 11 | 车门、门锁 | D | 功能，必要时调整 |
| 12 | 线路 | B、D、R | 检查运动件与线束有无干涉、有无磨损，插件插接是否到位，线束固定是否固定到位；测量绝缘电阻值 |
| 13 | | D | 驱动电机固定螺栓紧固性检查，电机三相线紧固性检查；接地线束紧固性检查 |
| 14 | | B、D | 水冷系统管路有无老化、变形、渗漏，水箱、管路有无水垢；水泵工作是否正常 |
| 15 | 驱动电机 | D | 位置、温度传感器的检测，传感器电阻值、绝缘电阻值测量 |
| 16 | | D | 测试电机 U、V、W 间线电阻值，测试电机绝缘电阻值；测试电机接地线部位的接地电阻值 |
| 17 | | B、D | 电机前后端盖清理检查，电机的轴向间隙检测，怠速及行车状态电机运转是否平稳 |
| 18 | | B、D | 电池箱体（含尾部挂梁）与车辆底盘螺栓紧固检查、螺栓是否腐蚀；电池箱体是否有划痕、腐蚀、变形、破损等情况；电池箱体底部防石击胶是否有划痕、腐蚀、破损等情况 |
| 19 | 动力电池组 | D | 维修开关（MSD）拉手及底座内部是否清洁、腐蚀、破损 |
| 20 | | B、D | 高、低压插接件是否清洁、腐蚀、破损，连接是否可靠；接地线束是否牢固无松动 |
| 21 | | D | 检查电池状态参数、剩余电量（SOC）、温度、电池（Cell）电压、外壳（Pack）绝缘阻值 |
| 22 | DC-DC 转换器 | D | 检查 DC-DC 转换器工作是否正常；线束波纹管表皮是否老化、开裂、脱落；接插件是否松动，线束端子螺栓是否松动 |
| 23 | 电机控制器 | D | 功能；检查接地线束是否牢固无松动 |
| 24 | 冷却液 | C、D、R | 检查是否泄漏，以及液面高度是否在正常范围，不够时添加，每 20000km 更换一次（或根据情况需要） |
| 25 | 齿轮油 | C、D、R | 检查是否泄漏，液面高度是否在正常范围，不够时添加，每 50000km 更换一次（或根据情况需要） |
| 26 | 车载充电机 | D | 充电机安装牢固、无松动，表面清洁，充电机诊断测试。高、低压接插件表面完好无破损、牢固；接地线牢固无松动，绝缘、接地检测，绝缘电阻值≥100MΩ；接地电阻值≤100MΩ |
| 27 | 空调系统 | D | 检查空调功能、制冷剂、空调管路、压缩机是否有泄漏、异响等；一般情况下每 10000km 或 6 个月（以先到者为限）对空调滤芯进行一次清洁，每 20000km 或 12 个月（以先到者为限）更换空调滤芯 |

注：字母 B 表示调整，C 表示添加，D 表示检查，R 表示更换。

## 【知识拓展】

纯电动汽车与传统燃油车一样，质保期内提供包修、包换、包退的"三包"国家政策。我国发布了《财政部 科技部 工业和信息化部 发展改革委关于 2016—2020 年新能源汽车推广应用财政支持政策的通知》（以下简称《通知》），对质量质保方面提出了明确要求，新能源汽车生产企业应对消费者提供动力电池等储能装置、驱动电机、电机控制器质量保证，其中乘用车生产企业应提供不低于 8 年或 120000km（以先到者为准）的质保期限。

面对国家政策与消费者的迫切需求，各大电动汽车厂商也在电动汽车整车、核心部件的质保方面给出了各自的政策，但据电池业内人士透露，一些标榜能提供 8 年质保的电池，实际可能达不到这一水平。由于在电动汽车动力锂离子电池组中，单体电池在生产制造中存在个体差异，因此在使用中老化程度也不一样，若不在充电过程中采取适当措施，这种差异将被累积扩大，导致整体电池性能大打折扣或寿命严重缩短。

下面是几款常见的纯电动汽车质保方案和质保周期。

➢ 腾势纯电动汽车：4S 店方面表示，腾势所用的磷酸铁锂电池性能优良，经过腾势方面的试验检测，可以保证在充放电 4000 次以后保存 80% 的电池容量。腾势官方承诺为车主提供整车 3 年或 80000km 质保，而电池则是 6 年或 150000km 质保，关键零件 5 年或 100000km 保修服务；腾势充电柜两年保修服务。

➢ 比亚迪 E6 纯电动汽车：据比亚迪 4S 店销售人员介绍，比亚迪官方提供 5 年或 100000km 的电池保修政策，比亚迪 E6 先行者所使用的锂电池在反复充电 4000 次以后，仍有 80% 的电容，电池使用寿命在 1200000km 左右。另外新能源汽车 E6 先行者秦，非营运车整车包修期为 6 年或 150000km，动力电池电芯终身保修。

➢ 奇瑞 eQ 纯电动汽车：据从北京奇瑞 4S 店处了解，奇瑞 eQ 所搭载的也是三元锂电池，奇瑞为 eQ 的三大核心部件（电池、电机、电控系统）提供 5 年或 100000km 质保，整车提供 3 年或 80000km 质保。

➢ 江淮 iEV5 纯电动汽车：从北京江淮 4S 店处了解到，江淮 iEV5 三大核心部件（电池、电机及控制器总成）的质保年限将从原来的 6 年或 100000km 延至 8 年或 150000km，可以说是目前行业的领先水平。

➢ 北汽 EV200 电动车：据北汽新能源 4S 店销售人员介绍，EV200 采用的 SK 三元锂电池具有较长寿命，电池满充满放超过 3000 次，电池容量衰减率小于 15%，可供用户使用 10 年。同时，北汽新能源将为所有车辆的核心部件（电池、电机、整车控制器等）提供 6 年或 150000km（以先到为准）的保修，非营运车辆整车保修为 3 年或 80000km，并且所有新能源车辆前 4 次保养均免费。

# 项目 2 高压电下电防护安全操作

## 任务 2.1　电动汽车车辆作业前准备

### 【客户委托】

高一汽修班新生参观 4S 店时，看到吉利帝豪 EV450 纯电动汽车在做保养。那么纯电动汽车车辆作业前要做哪些准备？请大家通过各种途径查阅资料，一起来解决这个问题。

### 【目标概述】

电动汽车车辆作业前准备

知识目标：
➢　熟知电的基础知识，能够分辨并说出直流电与交流电的区别。
➢　了解电压等级划分，熟知电流对人体的影响，能够正确辨别触电事故的种类和触电的方式。
➢　了解电动汽车高压标准，熟知电力安全规程。
技能目标：
➢　能够自主制订工作计划。
➢　能够严格、准确地按照安全操作流程进行电动汽车断电操作。

### 【知识链接】

新能源电动汽车有一个非常明显的特点，就是整车带有"高"压动力电回路。吉利帝豪 EV450 的最高电压可达 346V，虽然这在传统的电工分级中远未达到真正的高压电，但和传统汽车电气系统中的用电电压相比，已经是足以伤害到我们的"高"压电，这样就给我们带来了不容忽视的"高"压安全用电问题。因此在推广新能源电动汽车时，如何保证驾驶人员、乘车人员以及汽车保养和维修人员的安全是重点工作之一。

#### 2.1.1　电的三个要素

电的三个要素分别如下。
1）电流：是指流经电路的电流量，单位为 A（安培）。
2）电压：是使电流流过电路的一种压力，单位为 V（伏特）。

3）电阻：指电流通过物体的困难程度，单位为 Ω（欧姆）。

## 2.1.2　欧姆定律

电流、电压和电阻间存在以下关系：增加电压可以增大电流，减少电阻可以增大电流。这种关系可归纳为：电流与电压成正比，与电阻成反比。

由欧姆定律定义可知：

$$E=IR$$

式中：E ——电压（V）；R ——电阻（Ω）；I ——电流（A）。

## 2.1.3　直流电和交流电

电流的方向不变，电流量也不变的电叫直流电（DC）；电流的方向改变，电流量也改变的电叫交流电（AC）。直流电以恒定方向流动，从正极到负极，如同汽车蓄电池或干电池一样。交流电的电流按一定的时间间隔改变方向。家庭用电及工厂工业使用的三相电源就是交流电的例子。

## 2.1.4　低压电与高压电的区分标准

高、中、低电压等级的分法较为复杂，不仅应用场合不同有可能存在差异，而且交流电和直流电的等级也有所不同，如在电气工程中，220V 和 380V 都属于低压；而在安全用电方面，220V 和 380V 则都属于高压。根据发生触电危险的环境条件的不同，可以将安全用电分为三个等级：特别危险、高度危险、没有危险。

## 2.1.5　安全电压

安全电压是指人体不戴任何防护设备时，触及带电体不受电击或被电伤。人体触电的本质是电流通过人体产生有害效应，触电的形式是人体两部分同时接触了带电体，而且两个带电体之间存在电位差。通常规定 36V 以下的电压为安全电压。

## 2.1.6　电流对人体的危害

1. 什么是触电

触电是指当人体接触或接近带电体，并有电流通过人体时，人体受伤或死亡的现象。

2. 常见的触电原因

常见的触电原因有使用者缺乏电气安全知识或违反操作规程、设备不合格、管理制度不严格。

3. 触电方式

按人体触及带电体的方式和电流通过人体的途径，触电可分为三种情况。

（1）单相触电

当人体接触带电设备或线路中的某一相导体时，一相电流通过人体经大地回到中性点而发生的触电。

（2）两相触电

当人体同时接触带电设备或线路中的两相导体时，电流从一相导体经人体流入另一相而发生的触电。

（3）跨步电压电击

当带电体有接地故障时，有故障电流流入大地，电流在接地点周围土壤中产生电压降。人在接地点周围，两脚之间出现的电压即为跨步电压。由跨步电压引起的电击事故为跨步电压电击。

**4. 电流对人体的伤害**

电对人体的伤害，主要来自电流。电流对人体的伤害可分为两种类型：电击和电伤。电击是电流通过人体而造成人体内部组织破坏，对人的心脏、神经系统、肺部的正常工作造成的伤害。电伤是电流的热效应、化学效应或机械效应对人体外部造成的局部伤害，如电灼伤、电烙印、皮肤金属化等。

**5. 电流对人体的危害程度**

人体也是导体，电流对人体的危害性跟电流的大小、通电时间的长短、电流的频率、通过人体的部位及触电者的身体状况等因素有关，如表 2-1-1 所示。

表 2-1-1　电流对人体的危害程度

| 电流大小 | 人体感觉 | 危害程序 |
| --- | --- | --- |
| 100～200μA | 对人体无害 | 无 |
| 1mA 左右 | 引起麻的感觉 | 感知电流 |
| 不超过 10mA 时 | 人尚可摆脱电流 | 摆脱电流 |
| 超过 30mA 时 | 感到剧痛，神经麻痹，呼吸困难，有生命危险 | 安全电流 |
| 达到 50mA 时 | 很短时间内使人心跳停止 | 致命电流 |

## 2.1.7　新能源汽车电气安全

**1. 高压车间场地与设施要求**

新能源汽车检修的工作环境可以降低事故的发生率，提升事故的应急处理能力。新能源汽车维修车间的场地与设施比普通汽车维修车间要求要高。

1）工位使用面积充足，布置隔离栏、安全警示牌、灭火器、消防沙箱等。

2）工位采光照明充分。

3）保证工位干燥通风。

4）防火绝缘接地保护。

5）安全标识及高压安全防护规定齐全。

新能源汽车的电气安全工作是一项综合性的工作，有技术性的内容，也有组织管理方面的内容。技术和组织管理相辅相成，有着十分密切的联系。电气安全工作主要有两方面的任务，一方面是研究各种电气事故，研究电气事故的机理、原因、构成、特点、规律和防护措施；另一方面是研究用电气的方法解决各种安全问题，并研究运用电气监测、电气检查和电气控制的方法来评价系统的安全性或获得必要的安全条件。

2. 电动汽车使用与维护安全操作要求

必须贯彻"安全第一，预防为主"的方针。在新能源汽车全部停电或部分停电的电气设备上工作，必须完成下列措施：①停电；②挂锁；③验电；④放电；⑤悬挂警示牌；⑥装设遮拦；⑦有监护人。

---

**注意**

**新能源汽车作业十不准**

1）非持证电工不准装接电动汽车高压电气设备。

2）任何人不准玩弄电气设备和开关。

3）破损的电气设备应及时调换，不准使用绝缘损坏的电气设备。

4）不准利用车身电源对电动汽车以外的用电设备供电。

5）设备检修切断电源时，任何人不准启动挂有警告牌的电气设备，或合上拔去的熔断器。

6）不准用水冲洗电气设备。

7）熔丝熔断时，不准调换容量不符的熔丝。

8）不经技术部门或主管部门审批，不准私自进行改动和加装。

9）发现有人触电，应立即切断电源进行抢救，未脱离电源前不准直接接触触电者。

10）雷雨天气，禁止在室外对车辆充电和维修维护。

---

### 2.1.8 新能源汽车维修安全规程

1）必须穿戴齐全个人安全防护用品。

2）开始作业前必须设置安全隔离，并放置安全警示牌。

3）开始作业前必须对工位铺设的绝缘垫进行绝缘检测。

4）必须用干净的布或塑料罩对车辆进行保护，以免损坏车辆。

5）工作要由两名或更多工作人员完成时，尽可能经常相互沟通。

6）高压断电、验电和放电完成之前必须佩戴绝缘手套。

7）举升车辆之前必须按操作规程进行相应的检查，车辆举升高度原则上不超过1.7m。

8）在进行动力电池拆装过程中，必须严格注意动力电车举升车的举升高度和与动力电池的接触情况。

9）在拆装各类线束（缆）时，一定要注意各插接件按要求进行断开与接合。

10）操作教程中任何设备工具的操作必须符合操作安全规程。

## 【任务实施】

| 操作步骤 | 操作图示 |
|---|---|
| 作业一　前期准备 | |
| 1. 学员清洁、整理工位，准备好相关的工具和物品<br>**提示**：本次操作学员需要个人安全防护用品、场地防护用品、应急防护用品 |  |
| 2. 操作人员穿戴检查，必须要穿戴好工作服和绝缘鞋<br>**提示**：身上不能佩戴戒指或手表等物品 |  |
| 3. 检查车辆是否停放正确<br>**提示**：车辆应在举升机的正中间 |  |

| 操作步骤 | 操作图示 |
| --- | --- |
| 作业一　前期准备 | |
| **4. 安装场地隔离带**<br>**提示：** 安装时隔离带的卡扣要锁止、牢固。<br>注意隔离区域大小（四周离车身 1m 左右） |  |
| **5. 安放安全警示牌**<br>**提示：** 安全警示牌应安放在车辆正前方 |  |
| **6. 在车顶安放高压危险警示牌** |  |
| **7. 检查灭火器压力值（水基、干粉）** |  |

续表

| 操作步骤 | 操作图示 |
| --- | --- |
| 作业一　前期准备 | |
| 8. 安装车轮挡块 | 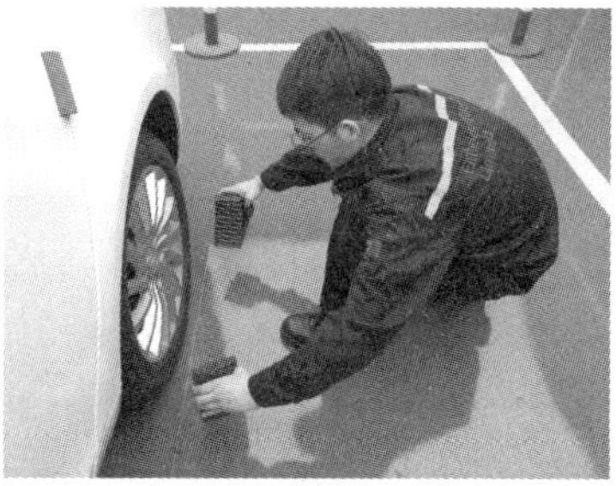 |
| 9. 正确检查车身状况 | 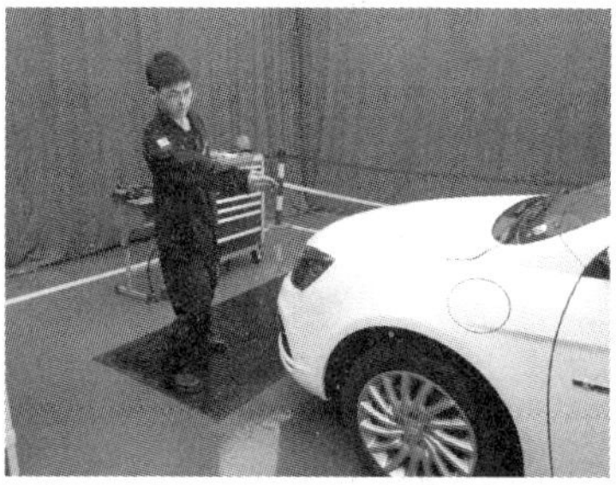 |
| 10. 正确放置绝缘垫于车辆下方 | 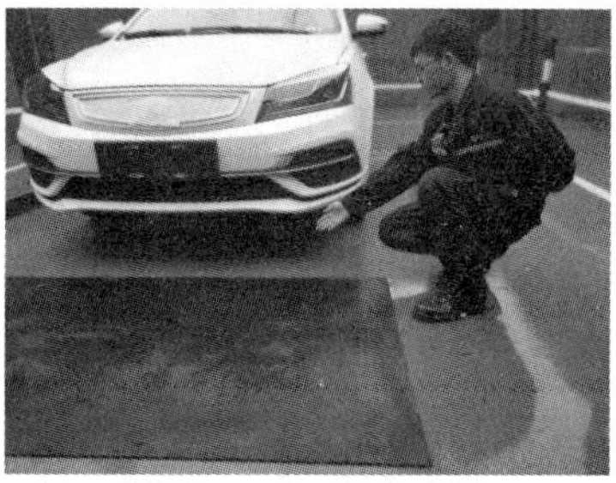 |
| 11. 安装车内三件套 | 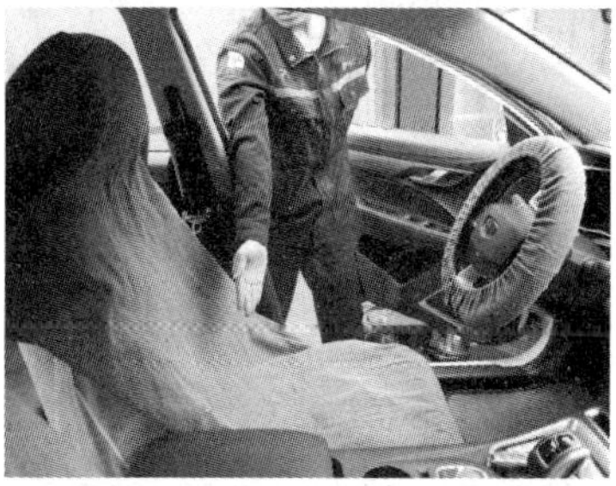 |
| 12. 安装前格栅布和翼子板布 | 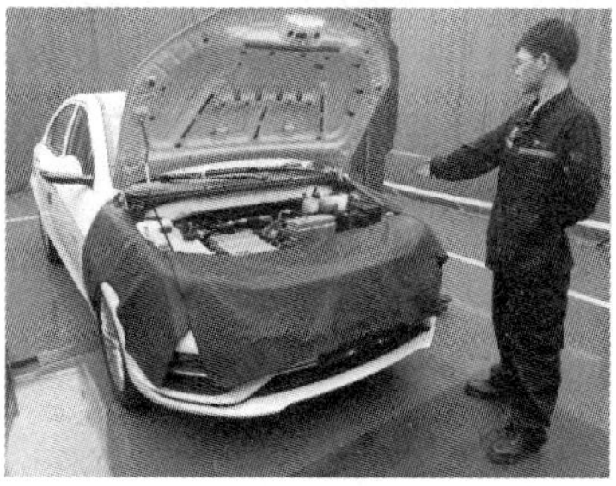 |

续表

| 操作步骤 | 操作图示 |
|---|---|
| 作业二　检查确认 | |
| 13. 正确检查并记录轮胎胎压 |  |
| 14. 佩戴绝缘手套与护目镜，选择 4 个点检测绝缘垫的绝缘性 |  |
| 15.　记录车辆参数<br>**提示：**记录车辆型号、车辆识别码、电机型号、电池容量、工作电压、里程表读数 |  |
| 16. 完全落下驾驶员侧车窗 |  |

| 操作步骤 | 操作图示 |
|---|---|
| 作业二　检查确认 | |
| 17. 检查确认电子手刹和挡位 | 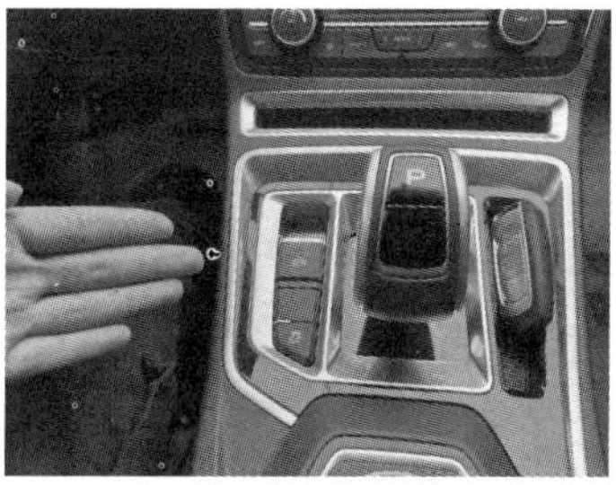 |
| 18. 检查确认蓄电池电压 | 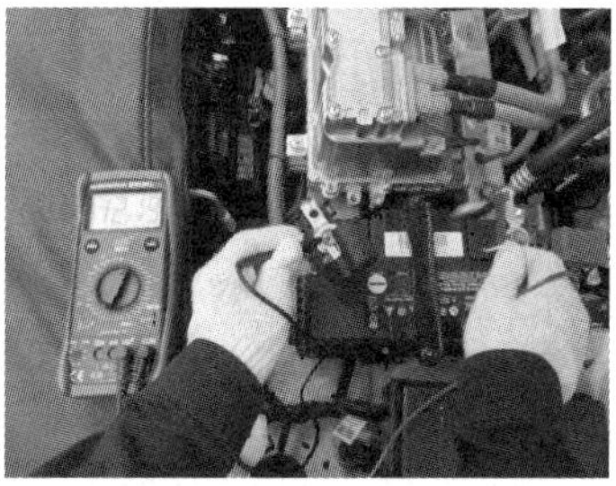 |
| 作业三　7S 整理 | |
| 19. 整理 |  |
| 20. 清洁 |  |

# 任务 2.2　作业前操作人员安全防护工作

## 【客户委托】

客户张先生的吉利帝豪 EV450 电动汽车仪表盘上亮起了故障指示灯，将其开到 4S 店做检修。作业前操作人员安全防护要做哪些准备？请大家通过各种途径查阅资料，一起来解决这个问题。

**【目标概述】**

作业前操作人员
安全防护工作

知识目标：

➢ 熟知安全防护工具、设备的特点和作用。

➢ 熟练掌握标准作业程序。

➢ 熟知电动汽车维修车间安全事项相关知识。

技能目标：

➢ 能够自主制订工作计划。

➢ 能够正确使用高压防护工具，严格、准确地按照安全操作流程进行操作。

➢ 能够进行自主学习，掌握新知识和新技能。

**【知识链接】**

新能源汽车要在车辆上有相关的保护措施，同样为保证所有人员、新能源汽车及相关设备的安全，在使用、维护、维修时，也必须建立安全用电意识，创造可靠的安全作业环境，严格按照安全操作规程作业。要求贯彻"安全第一，预防为主"的方针，加强安全用电教育和安全技术培训，掌握人身触电事故的规律及防护技术，采取各种切实有效的措施保证安全。

### 2.2.1　高压保护用具

1. 绝缘维修工具

使用绝缘材料进行加工并适用于电气管理中的工具，包括常用的维修套筒、开口扳手、螺钉旋具、钳子、电工刀等，如图 2-2-1 所示。

2. 绝缘检修仪表

电动汽车维修过程中需要仪表测试导通和中断，以确认高压是否断开，常用的绝缘维修仪表有数字式万用表（如图 2-2-2 所示）和数字绝缘测试仪、接地电阻测试仪等。

图 2-2-1　绝缘维修工具

图 2-2-2　数字式万用表

3. 个人防护用具

防止触电的个人防护设备主要包括绝缘手套、绝缘防护服（非化纤材质的衣服）、绝缘鞋、护目镜，以及绝缘垫等，如图 2-2-3 所示。

4. 绝缘手套

使用橡胶制成的电工绝缘手套能够承受 1000V 以上的工作电压，具备抗碱性，如图 2-2-4 所示。

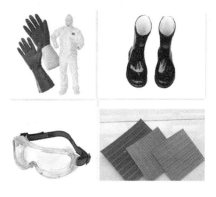 

图 2-2-3　个人防护用具　　　　　　　　图 2-2-4　绝缘手套

绝缘手套使用前应先检查外观是否完好，是否在使用有效期内。需要定期检查绝缘手套的气密性（见图 2-2-5），如漏气则不能使用，而且在每次使用前必须自行检查是否漏气。

5. 电绝缘防护服

维修电动汽车高电压系统时，必须穿绝缘防护服，如图 2-2-6 所示。绝缘防护服可防 10000V 以下电压，且阻燃、耐热、耐压、耐老化，以保护操作人员工作安全。

图 2-2-5　绝缘手套气密性检查　　　　　　　图 2-2-6　绝缘防护服

6. 护目镜

戴上合适的护目镜（见图 2-2-7），以防止电池液的飞溅。另外，高压电车辆维修用的护目镜应该具有侧面防护功能，以防止维修过程中产生的电火花对眼睛造成伤害。

7. 绝缘鞋

因为触电时电流是经接触点通过人体流入地面的，所以电气作业时不仅要戴绝缘手套，还要穿绝缘鞋，如图2-2-8所示。绝缘鞋（靴）的作用是使人体与地面绝缘，防止电流通过人体与大地构成回路，对人体造成电击伤害，同时可以把触电时的危害降到最低。

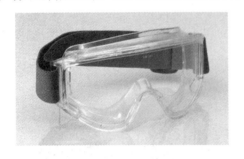

图2-2-7　护目镜　　　　　　　　　　　　　　　　图2-2-8　绝缘鞋

8. 绝缘垫

绝缘垫广泛应用于变电站、发电厂、配电房、试验室以及野外带电作业等场合，其主要采用胶类或泡沫绝缘材料制作，如图2-2-9所示。

图2-2-9　绝缘垫

### 2.2.2　高压保护用具使用规范

1. 绝缘手套使用规范

1）每次使用前，应确保绝缘手套在有效预防性试验周期内，且外观完好。

2）使用前先进行外观检查，外表应无磨损、破漏、划痕等，有漏气裂纹的，禁止使用。

3）将外衣袖口套入手套筒口内，同时注意防止尖锐物体刺破手套。

4）若一双手套中的一只可能不安全，则这双手套不能使用。

5）使用绝缘手套的最佳温度范围为-25～+55℃。

6）绝缘手套使用后应进行清洁，擦净、晾干，并应检查外表是否良好。

7）手套被弄脏时应用肥皂和水清洗，彻底干燥后涂上滑石粉，避免粘连，及时存放在工具室。

8）绝缘手套应架在支架上或悬挂起来，且不得贴墙放置。

9）绝缘手套应每月进行一次外观检查，做好检查和使用记录。

## 2. 护目镜使用规范

1）所选择的护目镜产品需要经过国家级检测并达到国家级标准才能使用。

2）所选用的护目镜大小及型号要尽量适合使用者的脸型。

3）护目镜镜片使用时要注意专人专用，禁止交换使用，防止因护目镜大小而产生意外情况。

4）护目镜使用时间过长或使用不当，会造成镜片粗糙及损坏，留下刮痕后的镜片会影响佩戴者的视线，达不到佩戴安全标准时需要及时进行调换。

5）护目镜禁止重压，在保存时尽量远离坚固物体，防止对镜片造成损坏。

6）在清洗护目镜时，需要使用柔软的专业擦拭布进行清理，并放于眼镜盒或安全的地方。

## 3. 绝缘鞋使用规范

1）每次使用前应检查绝缘鞋（靴）在有效预防性试验周期内，且外观完好。

2）穿绝缘皮鞋和绝缘布面胶鞋时，其工作环境应保持鞋面干燥。

3）穿任何绝缘鞋均应避免接触锐器、高温、腐蚀性和酸碱油类物质，防止鞋受到损伤而影响电绝缘性能。

4）在潮湿、有蒸汽、冷凝液体或导电灰尘等容易发生危险的场所，尤其应注意配备合适的绝缘鞋，应按标准规定的使用范围正确使用，不得随意乱用。

## 4. 绝缘防护服使用规范

1）绝缘防护服具有优良的阻燃性能，但不能与火焰及熔化物直接接触。

2）绝缘防护服在使用时谨防钩扎。

3）穿着绝缘防护服进入带电作业现场时，必须与绝缘手套、绝缘鞋及绝缘头盔配套使用。

### 2.2.3 高压保护用具的检验与管理

#### 1. 绝缘工具和个人防护用具的检查与试验

绝缘工具和个人防护用具应定期送有关单位检测，通过如下试验后才能使用。

1）工频耐压试验。

2）冲击电压试验。

3）交流耐压试验。

4）直流耐压试验。

#### 2. 绝缘手套的使用与检查流程

绝缘手套的使用与检查流程如图 2-2-10 所示。

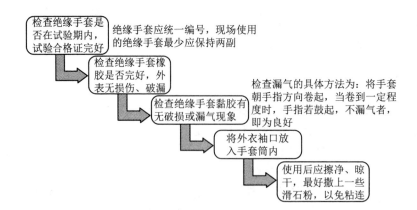

图 2-2-10　绝缘手套的使用与检查流程

### 3. 绝缘鞋的使用与检查流程

绝缘鞋的使用与检查流程如图 2-2-11 所示。

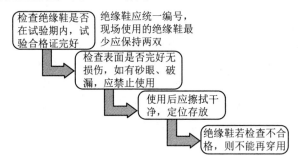

图 2-2-11　绝缘鞋的使用与检查流程

### 4. 护目镜的使用与保管流程

护目镜的使用与保管流程如图 2-2-12 所示。

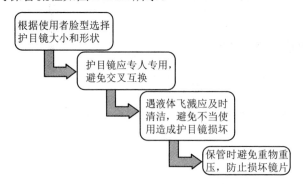

图 2-2-12　护目镜的使用与保管流程

#### 2.2.4 高压保护用具的保管

1. 绝缘手套的保管

1）绝缘手套使用后应先去除脏污，然后涂抹滑石粉，避免粘连。

2）绝缘手套应存放在干燥、阴凉通风的地方，并倒置在指形支架或存放在专用的柜内，绝缘手套上不得堆压任何物品。

3）绝缘手套不准与油脂、溶剂接触，合格与不合格的手套不得混放一处，以免使用时造成混乱。

2. 绝缘鞋的保管

1）绝缘鞋不得当作雨鞋或作他用，一般胶鞋也不能代替绝缘鞋使用。

2）绝缘鞋在每次使用前应进行外部检查，表面应无损伤、磨损或破漏、划痕等，有破漏、砂眼的绝缘鞋禁止使用。

3）为方便操作人员使用，现场应配大号、中号绝缘鞋各两双。

4）存放在干燥、阴凉的专用柜内，其上不得放压任何物品。

5）不得与油脂、溶剂接触，合格与不合格的绝缘靴不准混放，以免使用时拿错。

3. 绝缘服的保管

1）绝缘服应保管在通风、透气、清洁、干燥的库房内，相对湿度不大于80%。

2）绝缘服不宜接触明火和有锐角的坚硬物体。

3）绝缘服清洗后必须晾干，折叠整齐后放入袋内保存。

4）绝缘服保管期间不宜与酸、油、碱及腐蚀性物质接触。

**【任务实施】**

EV450 人员
安全防护

| 操作步骤 | 操作图示 |
|---|---|
| | 作业一　安全防护准备 |
| 1. 学员清洁、整理工位，准备好相关的工具和物品<br>2. 操作人员穿戴检查，必须要穿戴好工作服和绝缘鞋（进入工位前提前穿戴好）<br>3. 设置隔离栏和警示牌，安装车轮挡块<br>**提示**：本次操作学员需要个人安全防护用品、场地防护用品、应急防护用品 |  |

续表

| 操作步骤 | 操作图示 |
|---|---|
| 作业二　安全防护检查 | |
| 4. 检查灭火器压力值（水基、干粉） |  |
| 5. 检查绝缘手套。检查绝缘手套耐压等级，应为1000V（或0级）；检查绝缘手套密封性；检查手套外观是否有损伤 | 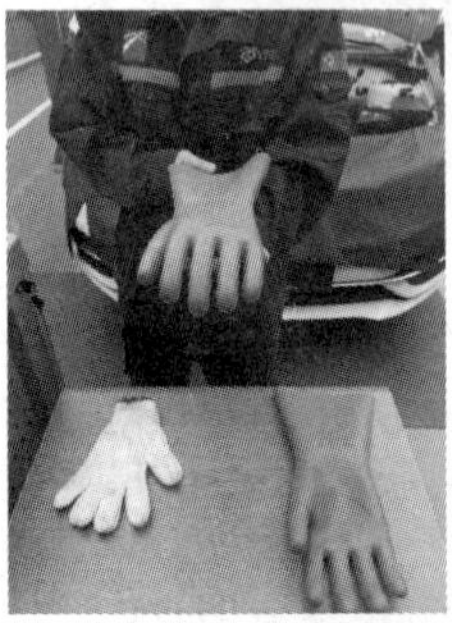  |
| 6. 检查护目镜，应尽量适合使用者的脸型，并检查护目镜外观是否有损伤 | 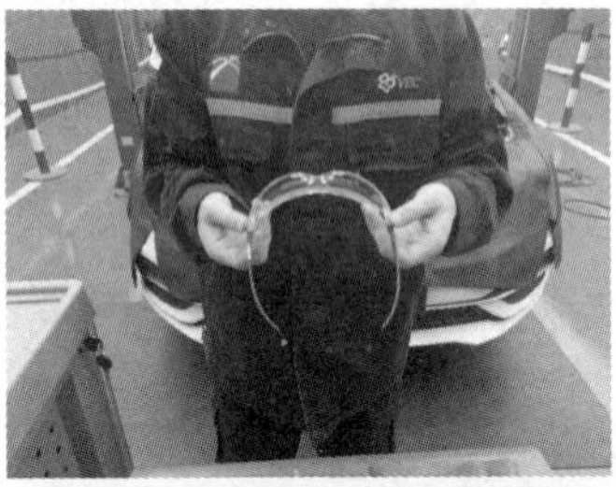 |
| 7. 检查安全帽外观及标识 | 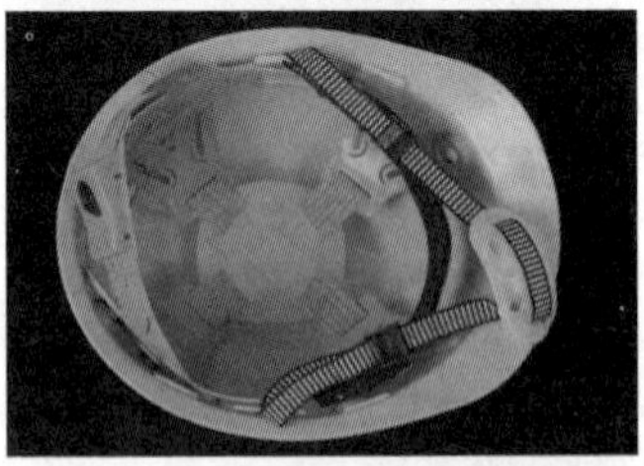 |
| 8. 检查绝缘工具套装 | 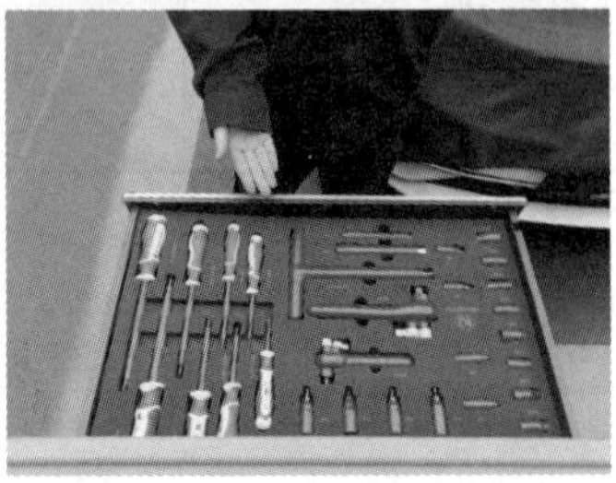 |

| 操作步骤 | 操作图示 |
|---|---|
| 作业二 安全防护检查 ||
| 9. 进行数字绝缘测试仪开路检测并确认其电阻值为无穷大 | 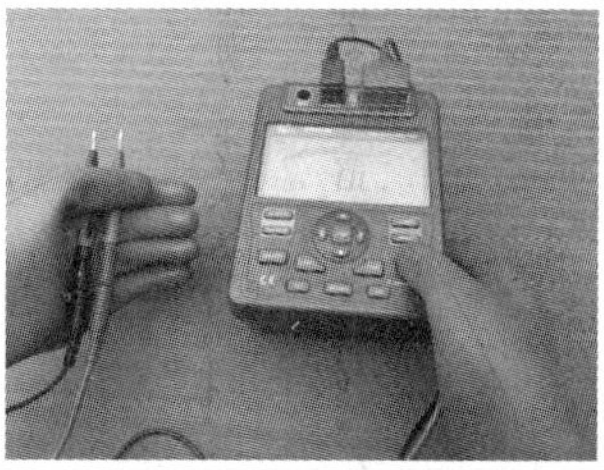 |
| 10. 进行数字绝缘测试仪短路检测并确认电阻值小于 1Ω | 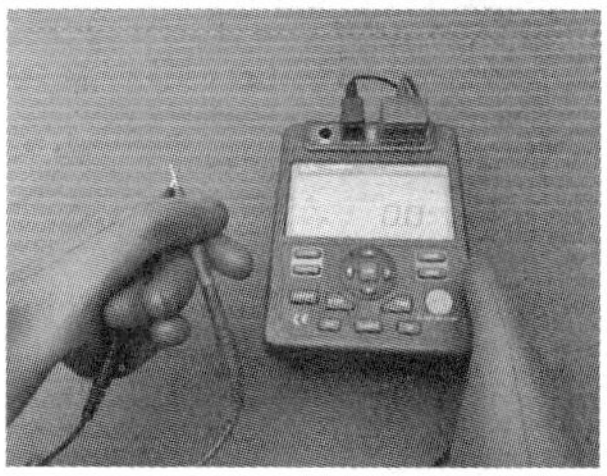 |
| 11. 确认数字绝缘测试仪上 TEST 功能正常 | 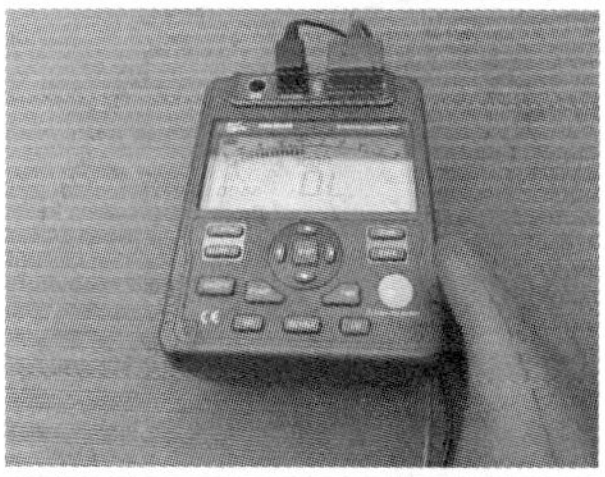 |
| 12. 进行接地电阻测试仪开路检测并确认电阻值为无穷大 | 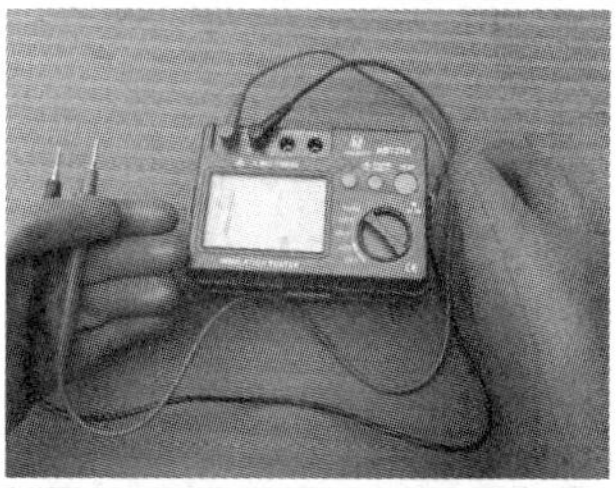 |
| 13. 进行接地电阻测试仪短路检测并确认电阻值小于 1Ω | 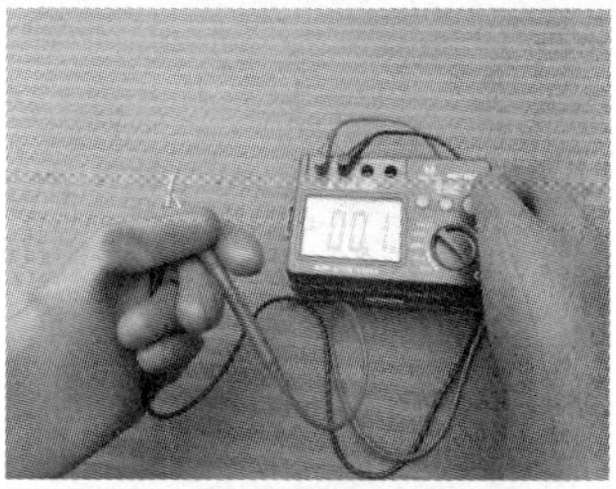 |
| 14. 确认接地电阻测试仪上 TEST 功能正常 | 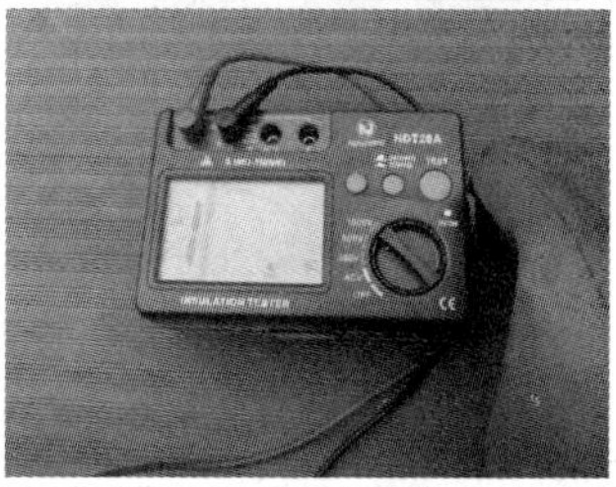 |

续表

| 操作步骤 | 操作图示 |
|---|---|
| 作业二　安全防护检查 | |
| 15. 检查数字万用表的电阻量程（校零） | 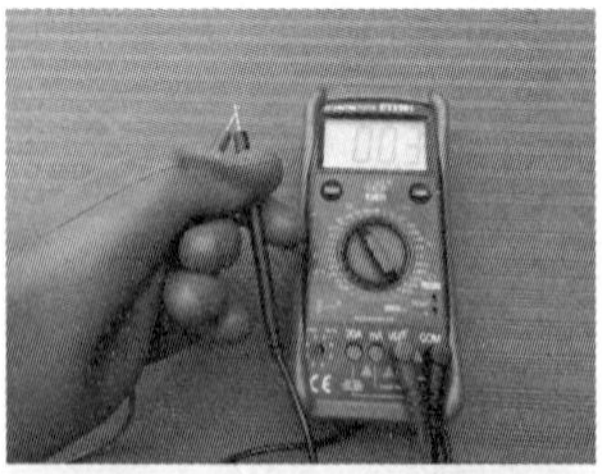 |
| 16. 检查绝缘垫是否正确放置于车辆下方 |  |
| 17. 佩戴绝缘手套与护目镜且选择 4 个点检测绝缘垫绝缘性 |  |
| 作业三　7S 整理 | |
| 18. 整理 |  |
| 19. 清洁 |  |

## 任务 2.3　电动汽车高压部件的绝缘安全检查

**【客户委托】**

小张同学看到新闻报道说有人在检修电动汽车时，因违规操作而引发爆炸及火灾。电动汽车在检修前，操作人员要做哪些高压部件的绝缘安全检查？请大家通过各种途径查阅资料，一起来解决这个问题。

电动汽车高压部件的绝缘安全检查

**【目标概述】**

知识目标：

➢ 能够描述新能源汽车的高压安全设计。

➢ 能够识别新能源汽车高压部件的位置。

➢ 能够完成电动汽车高压部件的绝缘安全检查。

技能目标：

➢ 能够自主制订工作计划。

➢ 能够正确使用高压防护工具和高压检测设备，严格、准确地按照安全操作流程操作。

➢ 能够进行自主学习，掌握新知识和新技能。

**【知识链接】**

在电动汽车上，高压电气系统主要是负责启动、行驶、充放电、空调运行等。主要包括动力电池系统、驱动电机及其控制器系统、高压电控系统、充电系统、空调系统，及其线束系统。各个系统检修前都要按照安全操作流程和方法，规范使用仪器仪表，完成对高压部件的绝缘安全检查。

### 2.3.1　新能源汽车高压电的类型

1. 新能源汽车电压安全级别

在新能源汽车中，车辆电压按照类型和数值分为两个安全级别，如表 2-3-1 所示。其中，A 级是较为安全的电压等级，在直流中电压小于或等于 60V；在规定的 150Hz 频率下，电压低于 25V，该电压下的维护人员不需要采取特殊的防电保护。B 级会对人体产生伤害，被认为是高压，在该电压下必须采取必要的防护设备对维护人员进行保护。

2. 新能源汽车高压类型

纯电动汽车和混合动力汽车，其高电压系统均同时具有直流高压和交流高压，如图 2-3-1 所示。

表 2-3-1　新能源汽车电压安全级别

| 电压安全级别 | 工作电压 U/V | |
| --- | --- | --- |
| | DC（直流） | 50～150Hz AC（交流） |
| A | 0＜U≤60 | 0＜U≤25 |
| B | 60＜U≤1000 | 25＜U≤660 |

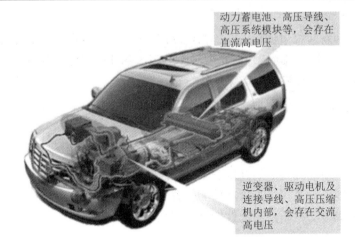

动力蓄电池、高压导线、高压系统模块等，会存在直流高电压

逆变器、驱动电机及连接导线、高压压缩机内部，会存在交流高电压

图 2-3-1　高压类型

### 2.3.2　新能源汽车高压电的标识

为防止意外触及高压系统，新能源汽车对高压部件均采用特殊的标识或颜色，以警示维修人员或车主。新能源汽车通常采用两种形式进行高电压的标识警示，即高压警示标识和高压警示颜色。

1. 高压警示标识

每个新能源汽车的高电压组件壳体上都带有一个标记，售后服务人员或车主均可通过标记直观地看出高电压可能带来的危险，所用警示牌基于国际标准危险电压警示标识，如图 2-3-2 所示。

图 2-3-2　高压警示标识

2. 高压警示颜色

由于高压导线可能有几米长，因此在一处或两处通过警示牌标记意义不大。售后服务人员可能会忽视这些标牌。因此用橙色警示色标记出所有高压导线，并且高压导线的某些插头以及高电压安全插头也采用橙色设计。

### 2.3.3 新能源汽车高压部件

1. 高压部件安装位置的特点

（1）主要集中在整体式车身的外部

除少数的混合动力汽车动力电池安装在车辆后部位置外，大多数车辆的动力电池、逆变器等都布置在乘客舱外部，而且高压导线也是沿着底盘外布置的。

（2）高压部件具有明显的橙色标识

高压部件都具有明显的橙色标识，或者部件的醒目位置粘贴有高压标识。

2. 高压部件的位置及介绍

高电压车辆的高压部件主要集中在驱动系统、电源系统、充电系统以及空调与加热系统几个位置。此外，用于连接高压部件的导线也属于高压部件。

吉利帝豪 EV450 的主要高压部件有动力电池、车载充电机、电机控制器、驱动电机、压缩机、PTC（positive temperature coefficient，正温度系数）加热器及快/慢充电口等，如图 2-3-3 所示。

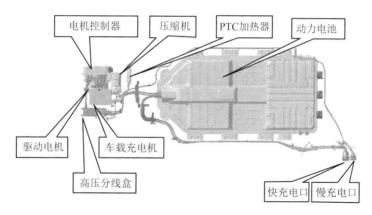

图 2-3-3　吉利帝豪 EV450 的高压系统

（1）动力电池

动力电池上所有的部件，包括维修开关、连接导线均具有高电压，如图 2-3-4 所示。动力电池是电动汽车的电能动力源，为整车提供高压电能。动力电池输出电压为 240～420V DC，最大输出电流为 200A。动力电池系统一般包含电池模组和电池管理系统（BMS），其中 BMS 进行监测、分析及相应的控制等工作。

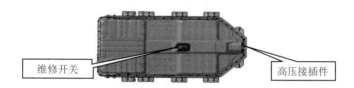

图 2-3-4　帝豪 EV450 动力电池

动力电池具有以下特点。

1）高压大电流，其中电压为 360V DC，是安全电压的 6 倍，电流为 130A。

2）插件内高压导电端子前端有绝缘体，离周围绝缘体 4.3mm，可以防触手，但不能防止金属丝、平口螺钉旋具等小工具进入，因此操作时禁止用以上小工具接触插件前端。

3）线束设计非常安全，绝缘电阻 100MΩ 以上，插件为快插式，安装方便且更安全。

4）电池绝缘电阻 20MΩ 以上，具备绝缘检测功能：低于 0.2MΩ，断高压。

（2）驱动电机及其控制器系统

驱动电机总成（EM）、驱动电机控制器总成（PEU）及其连接的高压线束等子部件构成了一个功能系统，例如永磁同步电动机，其转速范围为 0～11500r/min，有反拖发电能力，如图 2-3-5 所示。其中 PEU 实现了将 DC 转化为 AC；电机输出额定工作电流为 140A，最大工作电流为 400A。

图 2-3-5　驱动电机及其控制器系统

驱动电机及其控制器系统具有以下特点。

1）高压大电流，其中电压为 360V DC，是安全电压的 6 倍，电流为 140A。

2）两端均需用装配螺栓，需佩戴绝缘手套操作。

3）线束设计非常安全，绝缘电阻 100MΩ 以上。

4）电机及电控绝缘电阻 20MΩ 以上，第一次装配的电机及电控一般不带电，为安全起见，在电控静止 5min 以后再进行操作。

驱动电机的结构如图 2-3-6 所示。

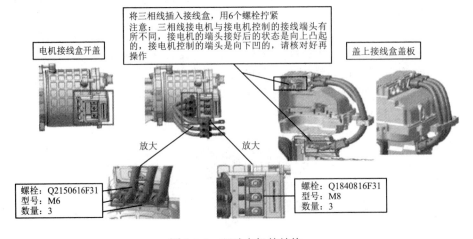

图 2-3-6　驱动电机的结构

（3）附件系统

附件系统包含高压分线盒、车载充电机、快/慢充电口及高压线束系统等（见图2-3-7），其作用是实现车辆电能的补充，高压电能的分配、输送等功能。车载充电机将交流电转化为直流电来为动力电池充电，其输入额定电压为 220V AC，频率为 50Hz；其输出电压为 250～430V DC，输出的高压直流电分为 16A 和 32A 两个等级。

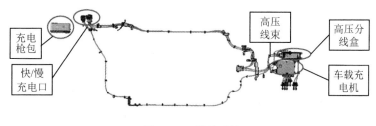

图 2-3-7　附件系统

（4）高压线束系统

高压线束系统包含高压插件、高压线缆、护套、支架等，用于安全可靠地输送高压电能，如图 2-3-8 所示。高压线束可以单独做成一根线束，也可以作为高压部件的一部分存在。高压电缆工作温度为：B 级 -40～105℃，C 级 -40～125℃，D 级 -40～150℃。标称电压为 DC/AC $U_0$=600V；线缆使用编织的镀锡铜丝实现屏蔽。高压插件具有二次锁扣。

图 2-3-8　高压线束系统

（5）空调系统

1）新能源纯电动汽车空调系统的制冷工作原理。

当空调系统工作的时候，电动空调压缩机使制冷剂在制冷系统中正常循环流动，电动空调压缩机不断压缩制冷剂并将制冷剂输送到蒸发箱内。制冷剂在蒸发箱内吸热膨胀，使蒸发箱冷却，这样鼓风机吹出来的风就是冷风。电动空调压缩机及空调制冷系统如图 2-3-9 所示。

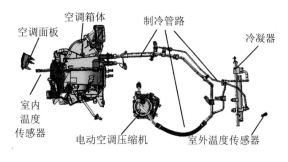

图 2-3-9　电动空调压缩机及空调制冷系统

2）新能源纯电动汽车空调系统的制热工作原理。

传统燃油车的空调制热依靠发动机内的高温冷却液。打开暖风后，发动机内的高温冷却液会流经暖风水箱，此时鼓风机吹来的风也会经过暖风水箱，这样空调出风口即可吹出暖风。电动车空调因为没有发动机，目前市面上的新能源汽车大多通过热泵或 PTC 制热的方式来实现新能源汽车供暖。PTC 加热器及空调采暖系统如图 2-3-10 所示。

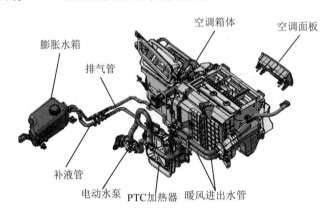

图 2-3-10　PTC 加热器及空调采暖系统

PTC 泛指正温度系数很大的半导体材料或元器件。PTC 可以通过给热敏电阻通电，使电阻发热，从而提高温度。PTC 在极致情况下，也只能实现 100% 的能量转换，即耗费 1J 的能量，最多只能提供 1J 的热量。我们日常生活中使用的电熨斗、卷发器等，都是这个原理。PTC 制热最主要的问题就是耗电，这会影响电动汽车的续航里程。以一个 2kW 的 PTC 为例，全功率工作一个小时要消耗 2kW 的电量。如果按一辆车行驶 100km 耗电 15kW·h 计，2kW·h 就将损失 13km 的续航里程。很多北方车主抱怨电动汽车续航里程缩水太多，部分原因就在 PTC 制热耗电上。再加上冬季天气寒冷，动力电池内的物质活性下降，放电效率不高，续航里程也会打折。

（6）充电桩与充电接口

正在充电的新能源汽车，充电桩和充电接口上具有高电压，如图 2-3-11 所示。需要注意的是，出于对车主的安全考虑，在车辆未充电时，系统内部都会自动断开电路循环，也就是说未正式充电前，充电桩和充电接口是安全的。

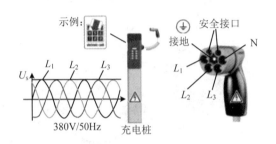

图 2-3-11　充电桩与充电接口

### 2.3.4　高压安全检测与管理

**1. 高压配电保护策略（断开保护、过流保护）**

整车高压各系统都通过了相应的继电器、熔丝等保护器件，而继电器由系统控制模块控制其闭合或断开。以动力电池为例，动力电池的主回路继电器断开后，电池外部电路不带电。熔丝为典型的限值电流器件，当电流超过其限值电流时，熔丝被烧断，直接切断电路回路，保证安全。

**2. 维修开关**

动力电池包在模组中间安装了维修开关，有时也称之为手动维修开关。它是电动车在装配和维修等作业中，最基本、最有效的保护手段。当维修开关不插入时，电池内无法形成回路，此时即使继电器闭合，电池外部回路也不带电。对于维修开关，原则为谁操作谁保管；装配作业时应在最后一步插到电池上；维修作业时，拆卸或维修高压部件前的第一步就是拔下维修开关。

**3. 继电器状态检测保护策略**

电池管理系统对所有接触器的断开、闭合状态进行检测。
电池管理系统对所有接触器熔结、无法闭合的故障状态进行检测。
电池管理系统对接触器的使用寿命进行统计，统计数据可通过外部诊断仪读取。不管是何种原因（正常或非正常操作）导致继电器达到其使用寿命，电池系统策略控制接触器都不再闭合。

**4. 互锁检测、开盖检测、连接检测**

高压插件、维修开关上均串有高压互锁（HVIL），如图 2-3-12 所示。高压线束插头、维修开关、交流充电口都是具有高压互锁的公母插头。

高压线束插头　　　　维修开关　　　　交流充电口

图 2-3-12　高压互锁

高压分线盒盖、电池上盖及各高压维修窗口处，需具有开盖的检测功能。
快/慢充电接口具有连接检测功能，只有可靠连接后，才允许充电。
互锁或连接检测具有实时性，当出现断开时，很快就会采取断电或停止充电的命令。
以上策略可确保高压连接可靠，以及防止人员触碰到高压电。

**5. 预充电检测和主动放电安全策略**

动力电池在主继电器闭合前进行预充电，预充成功才上高压电。当外部高压部件有高压电路损坏时，预充不成功，从而不会上高压电。

电机控制器内部具有主动放电和被动放电电路，在主继电器断开后，因为外部高压电路为并联结构，因此经过一段时间，电池外部高压电路中的电能会自动消耗掉。

**6. 绝缘检测安全策略**

在电池外部高压电路上电前，BMS 会进行绝缘检测，在确定符合绝缘性要求后，才会闭合主继电器。

高压上电后，BMS 会定时进行绝缘检测，当发现绝缘值低于要求时，控制主继电器下电。如果发生绝缘失效下电，在排除绝缘故障后，才会允许再次上电。

**7. 工作环境及一般性要求**

操作工作应在人员和环境均干燥的情况下进行；须在特定的房间或围起来的特定区域进行。

在装配或调试时，需放置"高压危险，禁止触摸"等类似提醒标牌。

只有经过高压安全培训的人员，才能进行电动车的相关操作或调试。

操作前，操作员须检查安全设施或工具是否完好，确认完好后再操作。

操作员进行操作时，首先应检查车辆情况，尤其是高压部件的情况，确认完好后再进行工作。

对于维修开关，原则为谁操作谁保管，且在作业完成的最后一步，插到电池上。

高压操作时，保证至少两人在场，一人操作，一人保持一定距离观察，以防止发生安全事故时无人急救，同时起到安全提醒作用。

**8. 装配时的作业流程（规范操作、禁止暴力）**

装车用的高压部件须经过绝缘监测、气密测试、功能检查等，确保产品良好后，才允许装车（检查相应检测报告）。

装配时，对各高压部件外观进行检查，保证其完整性，尤其要保证电器接口、密封圈等的完整性和状态良好（目测）。

按要求次序装配各高压部件，装配时对高压部件应轻拿轻放，对线缆不可强力拉拽，对插件应对正插接（参考装配手册）。

高压部件装配到位后，再插接高压插件，且要求连接动力电池的插件最后插接（参考装配手册）。

低压系统调试完毕，进行高压调试时，才允许将维修开关插入电池（维修开关应严格按照操作要求插接到位，锁扣锁死）。

**9. 首次上高压电时的作业流程**

动力电池等的冷却液加注完成，低压系统调试完毕后，才可以进行高压上电作业。

上高压电时，先上1挡（ACC挡）电，如未发现报警或异常，数秒后即可上2挡电。

高压上电后，要观察仪表是否有报警信息，观察车辆是否有异常声音或现象。如发现异常，须及时下电。

### 10. 充电时的作业流程

充电前，需检查充电设备，尤其是插座或枪头是否良好。

进行交流充电时，须先将充电枪连接到车辆，再将充电线插头连接到220V插座。

当充电连接后，车辆不允许启动。

建议待充电完成后断开充电线。如果需要在充电中途断开充电，建议先断开断路器，再拔下插头，最后拔下充电枪。

进行直流充电时，先将充电接口连接，再进行充电设备的握手确认，最后进行充电。

### 11. 维修时的作业流程

进行电动车辆维修时，应先将钥匙关闭且拔出。

等待5min后，将手动维修开关拔出，并妥善保管。电池的维修开关接口须盖好，防止异物进入。

以上作业完成后，即可进行拆卸等维修工作。

### 12. 其他注意事项

其他注意事项主要包括以下三种情况，如图2-3-13所示。

➢　涉水时的注意事项：不可长时间将车停留在没过电池的水中，如遇异常不能行驶，应想办法及时将车拖出。

➢　拖车时的注意事项：整体拖车或将电机联动的轮抬起。

➢　灭火时的注意事项：使用干粉灭火器或大量的沙覆盖。

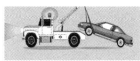

图2-3-13　其他注意事项

### 13. 高压线束更换

在更换高压线束的整个过程中须戴绝缘手套，具体过程如下。

1）在下电拔掉钥匙后，拔掉主驾驶室手扶箱内的动力电池高压维护开关。

2）拆除高压插件。高压插件具体可分为三类，如图2-3-14所示。

3）重新装配新线，固定相应管夹和扎带即可。

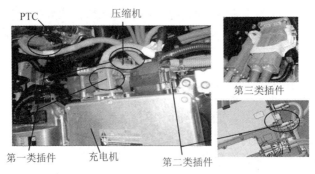

图 2-3-14　三类高压插件

三类高压插件的装配及拆卸方法具体如下所述。

第一类高压插件：接充电机输出口、压缩机、PTC。

装配：对准部件接口，直接推入。

拆卸：如图 2-3-15 所示，先按住 1 将插件往后拉，拉动后停止；然后按住 2，将插件往外直接拔出。

第二类高压插件：接充电机输入口。

装配：对准部件接口，直接推入。

拆卸：如图 2-3-16 所示，用平口起子或内六角工具从后侧拆卸口处伸入，然后往上轻轻撬动，同时将插件直接拔出。

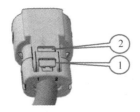

图 2-3-15　第一类插件的拆卸

图 2-3-16　第二类插件的拆卸

第三类高压插件：动力电池两个接口。

装配：将插件把手旋转 90°［见图 2-3-17（a）］，对准部件接口，将插件推入的同时将把手缓慢往后压，旋转到如图 2-3-17（b）所示的位置为止。

拆卸：将把手往上缓慢抬起，到如图 2-3-17（a）所示位置时，插件已经处于完全退出状态。

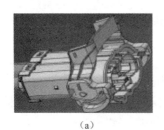

（a）

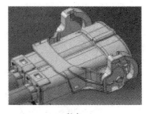

（b）

图 2-3-17　第三类插件的拆卸

## 14. 高压线束安装标件及扭力清单

高压线束安装标件及扭力清单如表 2-3-2 所示。

表 2-3-2　高压线束安装标件及扭力清单

| 应用 | 规格 | 力矩范围 | |
|---|---|---|---|
| | | 公制（N•m） | 英制（lb-ft） |
| 驱动电机接线盒盖板螺栓 | M4×12 | 3～4 | 2.3～3 |
| 分线盒上盖固定螺钉 | M5×12 | 4 | 3 |
| 熔断器固定螺母 | M5 | 4 | 3 |
| 直流充电口与左后外轮罩板固定螺栓 | M6×25 | 8～10 | 6.0～7.4 |
| 直流充电口搭铁与车身固定螺栓 | M6×16 | 8～10 | 6.0～7.4 |
| 驱动电机三相线束固定螺钉 | M6×16 | 8～10 | 6.0～7.4 |
| 驱动电机三相线束固定螺栓 | M8×16 | 20～26 | 14.8～19.2 |
| 驱动电机三相线束管夹与动力总成托架 | M6×30 | 8～10 | 6.0～7.4 |
| 分线盒与动力托架固定螺栓 | M6×16 | 8～10 | 6.0～7.4 |
| 高压线束支架固定螺母 | M6 | 8～10 | 6.0～7.4 |
| 高压线束支架固定螺栓 | M6×12 | 8～10 | 6.0～7.4 |
| 动力线束盖板固定螺栓 | M6×18 | 8～10 | 6.0～7.4 |

## 【任务实施】

| 操作步骤 | 操作图示 |
|---|---|
| 作业一　举升位置1（举升机在最低位置） | |
| 1. 学员清洁、整理工位，准备好相关的工具和物品<br>提示：本次操作学员需要准备个人安全防护用品、场地防护用品、应急防护用品<br>2. 作业准备：安全防护<br>● 安装车轮挡块，设置隔离栏和警示牌。<br>● 检查绝缘手套、护目镜和安全帽。<br>● 穿戴绝缘鞋（进入工位前提前穿戴好） |  |
| 3. 作业准备：车辆参数<br>记录车辆型号、车辆识别码、电机型号、电池容量、工作电压和里程表读数 |  |
| 4. 作业准备：安全防护<br>安装座椅套、方向盘套和地板垫 |  |

续表

| 操作步骤 | 操作图示 |
|---|---|
| 作业一 举升位置1（举升机在最低位置） | |
| 5．作业准备：安全防护<br>安装翼子板布和前格栅布 |  |
| 6．检查作业：冷却系统<br>检查各冷却系统软管的安装、连接情况及有无裂纹、损伤和泄漏 | 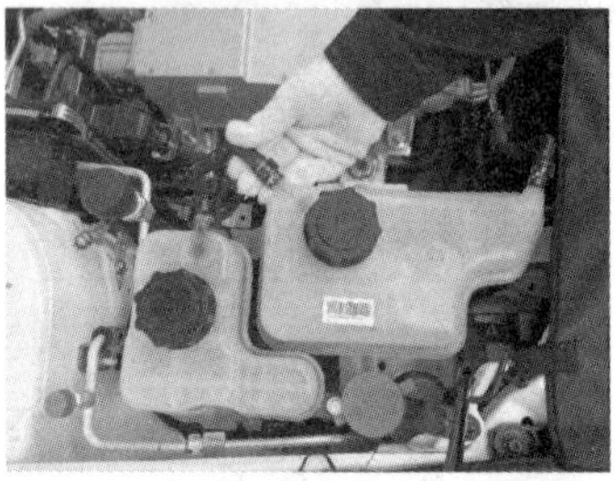 |
| 7．检查作业：高压组件<br>检查高压组件外观是否变形，是否有油液 |  |
| 8．检查作业：高压组件<br>● 检查高低压线束或插接件是否松动。<br>● 检查前舱插头连接情况<br>□异常<br>■正常 |  |
| 9．检查作业：充电系统<br>检查各充电连接器接口处是否有异物、烧蚀等情况<br>（1）外接充电防盗锁<br>■正常 □不正常<br>（2）充电口照明灯<br>■正常 □不正常<br><br>EV450 车辆用电安全（1） | 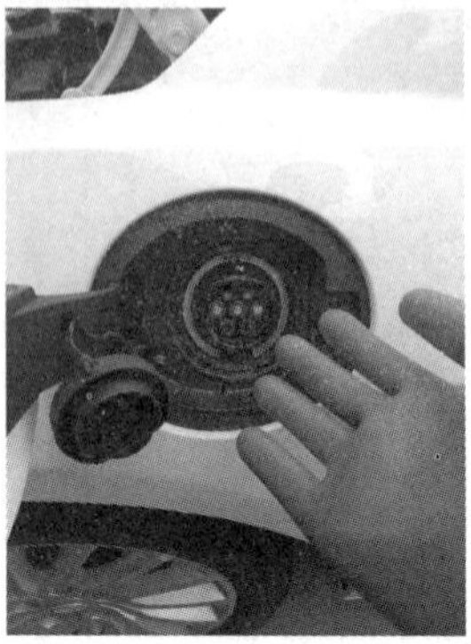 |

续表

| 操作步骤 | 操作图示 |
|---|---|
| 作业一 举升位置1（举升机在最低位置） | |

| 操作步骤 | 操作图示 |
|---|---|
| 10. 检查作业：充电系统<br>检查车辆能否正常充电及充电时仪表显示是否正常<br>（1）充电线连接指示灯<br>■点亮 □不亮 □点亮后熄灭<br>（2）充电指示灯<br>■点亮 □不亮 □点亮后熄灭<br>（3）充电时指示灯<br>□白色 ■绿色 □红色 □黄色 □蓝色<br>所亮指示灯的含义：充电正常 | |
| 11. 检查作业：低压电源系统<br>测量并记录低压电源系统电压（静态、上电后）<br>静态电压：12V 左右<br>上电电压：实测值（14V左右）<br><br>EV450 车辆用电安全（2） |   |
| 12. 检查作业：仪表板<br>检查高压启动指示灯<br>（1）READY 指示灯<br>■点亮 □不亮 □点亮后熄灭<br>（2）系统故障指示灯<br>□点亮 ■不亮 □点亮后熄灭 |  |
| 13. 检查作业：动力电池<br>检查动力电池单体电池电压、温度、总电压和SOC<br>（1）单体电池电压<br>最大：实测值（3.6~4.1V）<br>最小：实测值（3.6~4.1V）<br>（2）电池包温度<br>最大：实测值（10~25℃）<br>最小：实测值（10~25℃）<br>（3）电池总电压<br>实测值（346V 左右）<br>（4）SOC<br>实测值（按实车当前数据）<br><br>EV450 高压部件的绝缘安全检查（1） | |

续表

| 操作步骤 | 操作图示 |
|---|---|
| **作业一　举升位置1（举升机在最低位置）** | |
| 14. 检查作业：故障诊断<br>检查高压管理系统（整车控制器 VCU、PEU、BMS）和故障码（DTC，记录后清除）<br>■无 DTC<br>□有 DTC |  |
| 15. 检查作业：高压系统<br>车辆维修安全（标准断电）<br>断电等待时间：5min |  |
| **作业二　举升位置2（升起举升机至合适高度）** | |
| 16. 检查作业：动力电池系统<br>1）检查动力电池托盘有无变形/磕碰、防撞梁有无损坏、动力电池高低压连接器的清洁度/腐蚀/破损/紧固情况。<br>2）查看动力电池铭牌信息，其中标称电压为346V；电池容量为145kW·h |  |
| 17. 紧固作业：动力电池系统<br>检查动力电池总成固定螺栓是否锈蚀及紧固情况、接地线束紧固情况。<br>1）动力电池固定螺栓紧固力矩为78N·m。<br>2）动力电池接地线束紧固力矩为9N·m；接地电阻的实测值为0Ω，标准值为≤0.1Ω |  |

| 操作步骤 | 操作图示 |
|---|---|
| 作业二 举升位置2（升起举升机至合适高度） | |

18. 检查作业：动力总成系统

1）检查动力总成系统是否漏液、磕碰。

2）检查驱动电机安装支架有无损坏。

3）检查动力总成与车身、驱动电机与减速器、接地线束紧固情况（检测螺栓上的漆标，若漆标位置有移动则对螺栓进行紧固，若无则不做要求）。

① 动力总成与车身紧固力矩为90N·m。

② 动力总成接地线紧固力矩为9N·m；接地电阻实测值为0Ω，标准值为≤0.1Ω。

③ 驱动电机与减速器紧固力矩为23N·m。

④ 电机接地线紧固力矩为9N·m；接地电阻实测值为0Ω，标准值为≤0.1Ω

19. 检查作业：动力总成系统

检查高压部件是否有涉水痕迹

EV450高压部件
的绝缘安全
检查（2）

20. 检查作业：高压线束系统（含附件系统）

检查高压线束状态（接触面有无烧蚀、绝缘性）。

（1）确认高压回路切断

动力电池HV+与HV-之间的实测值≤5V。

（2）绝缘性（绝缘电阻）

1）绝缘测试仪选择电压为1000V。

2）动力电池供电线路。

① 1号端子与车身接地之间。

标准值：≥20MΩ

② 2号端子与车身接地之间。

标准值：≥20MΩ

3）动力电池充电线路。

① 1号端子与车身接地之间。

标准值：≥20MΩ

② 2号端子与车身接地之间。

标准值：≥20MΩ

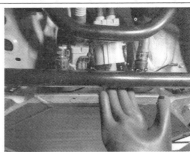

续表

| 操作步骤 | 操作图示 |
| --- | --- |
| 作业三　举升位置 3（落下举升机至车轮接地） | |
| 21. 作业准备：安全防护<br>安装车轮挡块 |  |
| 22. 检查作业：高压组件（含附件系统）<br>检查高压线束及高压组件状态（接触面有无烧蚀、绝缘性、三相间、接地电阻）<br>（1）确认高压回路切断<br>电机控制器 HV+ 与 HV- 之间的实测值≤5V。<br>（2）绝缘性测量前，高层部件 PEU 盖板要拆卸<br>（3）绝缘性测量前，高压部件 PEU 内部交流三相线束及直流高压线束紧固螺栓应拆卸，且 PEU 内部高压线束插头应摆放整齐 |    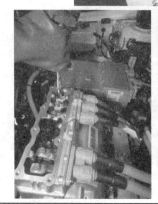 |

| 操作步骤 | 操作图示 |
|---|---|
| 作业三 举升位置3（落下举升机至车轮接地） | |

（4）绝缘性（绝缘电阻）

1）绝缘测试仪选择电压为1000V。

2）电机控制器。

① 交流三相线束对壳体。

标准值：≥20MΩ

② 直流高压线束对壳体。

标准值：≥20MΩ

3）车载充电机输入端。

① L对充电机壳体。

标准值：≥20MΩ

② N对充电机壳体。

标准值：≥20MΩ

4）车载充电机输出端。

① HV+对充电机壳体。

标准值：≥20MΩ

② HV-对充电机壳体。

标准值：≥20MΩ

5）交流充电口。

① L对PE。

标准值：≥20MΩ

② N对PE。

标准值：≥20MΩ

6）直流充电口。

① DC+对PE。

标准值：≥20MΩ

② DC-对PE。

标准值：≥20MΩ

续表

| 操作步骤 | 操作图示 |
| --- | --- |
| 作业三　举升位置3（落下举升机至车轮接地） | |

23．竣工检验：整车

● 检查整车上电状态、仪表状态。

● 各系统故障码读取。

● 高压管理系统数据流读取。

（1）READY指示灯

■点亮　　□不亮　　□点亮后熄灭

（2）系统故障指示灯

□点亮　　■不亮　　□点亮后熄灭

（3）数据流

1）单体电池电压。

最大：实测值（3.6～4.1V）

最小：实测值（3.6～4.1V）

2）电池包温度。

最大：实测值（10～25℃）

最小：实测值（10～25℃）

3）电池总电压。

实测值（346V左右）

■正常　　□不正常

（4）故障码

■无DTC

□有DTC

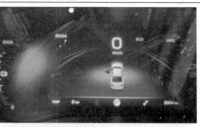

| 作业四　7S整理 | |

24．整理

25．清洁

# 项目 3　动力电池的维护与保养

## 任务 3.1　动力电池的基本检查

高一汽修班新生小王同学家新买了一辆吉利 EV450 纯电动汽车。小王同学来咨询老师，请老师重点给他介绍一下这款车的动力电池，老师在课堂上抛出了这个任务，要求大家通过各种途径查阅资料，一起来解决这个问题。

动力电池的
基本检查

**【目标概述】**

知识目标：

➤ 能够对照实物认识动力电池，并能准确描述动力电池在电动汽车中的位置。

➤ 掌握动力电池的分类，能够辨别具体车型中动力电池的型号。

➤ 掌握动力电池的基本结构组成。

➤ 掌握典型动力电池基本参数的技术标准。

➤ 能简要分析动力电池的工作原理。

技能目标：

➤ 会查阅维修手册。

➤ 能通过学习资料、网络资源等，完成工单和工作页的填写。

**【知识链接】**

电池是指盛有电解质溶液和金属电极以产生电流的杯、槽或其他容器，是一种能将化学能或其他能量转化成电能的装置。

动力电池作为纯电动汽车的"动力源"，主要为整车提供持续、稳定的能量。外接充电设备充电时，动力电池系统用于储存电能；当汽车行驶时，动力电池系统为电动机组提供能量，通过电动机将电能转化为机械能，驱动汽车行驶；汽车减速制动或滑行时，电动机组输出的动能转化为电能，储存在动力电池组件中，从而增加电动汽车的续航里程，提高经济性。

### 3.1.1 电池的基本知识

（1）生物电池

生物电池是利用生物（如生物酶、微生物、叶绿素等）在分解反应过程中表现出来的带电现象进行能量转换，主要包括微生物电池、生物酶电池、生物太阳能电池等。

（2）物理电池

物理电池是指利用物理原理制成的电池，其特点是能在一定条件下实现直接的能量转换，主要有太阳能电池、飞轮电池、核能电池和温差电池。

（3）化学电池

化学电池是利用物质的化学反应发电。化学电池一般由电极（正极和负极）、电解质和外壳（容器）组成，按工作性质可以将其分为原电池、蓄电池、燃料电池和储备电池。用于电动汽车的能量储存装置有动力蓄电池、燃料电池、超级电容、飞轮储能器装置，及其相互组合而形成的混合储能装置。

电动汽车中使用的动力电池为锂离子电池。电动汽车中另外还有一块 12V 低压电池，用于汽车的低功率系统，因为汽车上有许多低压电器都是 12V 供电的，这种设计可以省去电压转换。在车辆未启动前，高压的动力电池默认是断开状态不通电的，因此向外界输出功率之前，需用一个继电器将动力电池的开关打开，而继电器的动作则需要另外一个低压 12V 电源来控制。开关打开之后，高压的动力电池也会为 12V 低压电池充电。

12V 低压电池

### 3.1.2 动力电池的安装位置分析

1）要尽可能在有限的空间内布置更多的电池，这样才能达到更大的续航里程，减少充电的频次，任何可以利用的空间，都有利于整车电量的提升。

2）要充分考虑电池包的位置对整车安全性能的影响，尤其是在发生碰撞、翻滚、跌落等极端情况下，电池包是否会因为很大的加速度或严重的挤压变形，发生起火和爆炸，或者是否会有电池包的部件进入乘客舱，引起附加伤害。

3）要充分考虑电池包的重量和形状对整车结构寿命的影响，因为电池包的重量通常达到数百千克，给整车的底盘和悬挂带来很大的静态载荷和动态载荷，在长时间的震动、冲击条件下，很容易引起整车机械部分的疲劳损伤，降低寿命。

4）要充分考虑电池包的散热条件，尤其是在高温工作条件和高电气载荷工作条件下，电池包会产生大量的热量，如果散热条件不理想，或者靠近热源，会引起电池包的寿命加速衰减。

5）电池包在整车的安装位置，还会影响到整车的轴荷分配和重心，进而影响到整车的驾乘体验和舒适性。

图 3-1-1　最适合安装动力电池的位置

综合上述，最适合电动汽车安装动力电池的位置是底盘靠中心的位置，如图 3-1-1 所示。

### 3.1.3 动力电池的外形结构分析

下面总结了市场上几款常见的电动汽车产品，将电池包在整车上的装配空间和位置加以概述，以供读者参考。

**1. 工字形电池包安装**

早期的电动汽车，都是基于传统的燃油车进行改装，在去掉发动机、变速箱、油箱和一些传动装置后，整车上空出来的空间是最适合安装电池包的。华晨宝马芝诺 1E 纯电动汽车就有一个典型的工字形电池包，如图 3-1-2 所示。在宝马 X1 车型的基础上，充分挖掘可以利用的布置空间，前后串联的三个高电压蓄电池单元被安装在车身的前部（前机舱盖下方的发动机位置）、中部（传统的传动轴通道中）和后部（传统燃油箱的位置），这样的设计可以确保更好地分配前后轴负荷，赋予车辆更低的重心，同时让车辆在碰撞发生时更加安全。该车在传统燃油车基础上做了非常小的改动，空间非常有限，能够装载的电池包体积和重量都受限，因此容量不大，续航里程也有限。

**2. 土字形电池包安装**

要进一步提升整车的续航里程，必须增加整车的电量，有两个可行的途径：提高电池包的能量密度，在同样的空间内存储更多的电量；扩展电池包的空间，增大电池包的体积和重量，进而增加可用电量。一般而言，能量密度的提升是比较缓慢的，受制于动力电池技术的进步速度，很难在短时间内大幅度改善，因此就需要在电池包的体积上面做文章，从整车上挖掘更多的空间，来装载更多的电池，存储更多的电量，从而提升电动汽车的续航里程。土字形的电池包（见图 3-1-3）可以将电动汽车的续航里程提升到 200～300km，但如果想进一步提升续航里程，则有相当大的难度，因为整车可拓展的空间已经被挖掘得差不多了。

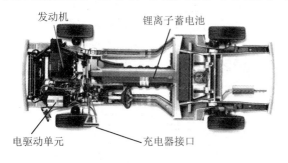

图 3-1-2　工字形电池包

图 3-1-3　土字形电池包

**3. 一体式（滑板式）电池包安装**

受限于传统燃油车的结构，不管怎样挖掘可用空间，始终不能实现电动汽车的最优化设计。客户对于电动汽车续航里程的需求，已经从 100km、200km，提升到 300km、400km，甚至是 500km 以上。一体式（滑板式）电池包是一种全新的产品思路，整车的设计需要围绕核心零部件电池包来展开，将电池包进行模块化设计，平铺在车辆的底盘上，以最大限度获得可用空间，调整整车的重心位置，同时还可以利用电池包的结构来加强底盘的强度和刚度，也可以利用整车的框架强化对电池包的结构防护，如图 3-1-4 所示。

图 3-1-4　一体式（滑板式）电池包

最早采用这种方案来做整车设计的是特斯拉，在畅销的 Model S 和 Model X 车型上，特斯拉都采用了电池包和底盘的一体化设计，以达到最优的车辆性能。Model S 车型可以给用户提供多种规格的电池包容量，从 60kW·h 一直扩展到 90kW·h，续航里程可以达到惊人的 526km（P90D 版本），这是改造传统燃油车所无法达到的。

**【任务实施】**

设备准备：吉利电动汽车一辆、举升机、安全防护设备。
考核时间：共 4 学时，第 4 位同学一组，每组作业 30min。
人员安排：2 人操作。

| 操作步骤 | 操作图示 |
| --- | --- |
| | 作业一　前期准备 |
| 1. 人员安全防护<br>提示：参考任务 2.1 的任务实施步骤进行操作 | |
| 2. 设备安全防护<br>提示：参考任务 2.1 的任务实施步骤进行操作 | |

续表

| 操作步骤 | 操作图示 |
|---|---|
| 作业二 电动汽车的高压电断电 | |
| 3. 断开低压电池。用 10mm 套筒拆下蓄电池的负极接线端子<br>**提示：** 操作时要戴好绝缘手套 | 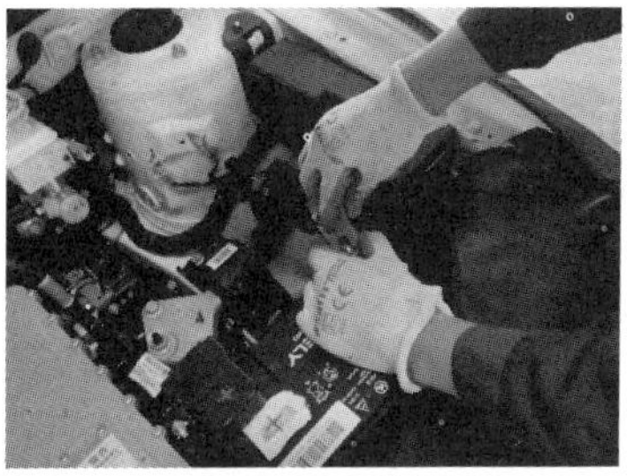 |
| 4. 用绝缘胶带包裹蓄电池负极接线端子的金属部件<br>**提示：** 包裹好的接线端子要远离蓄电池 | 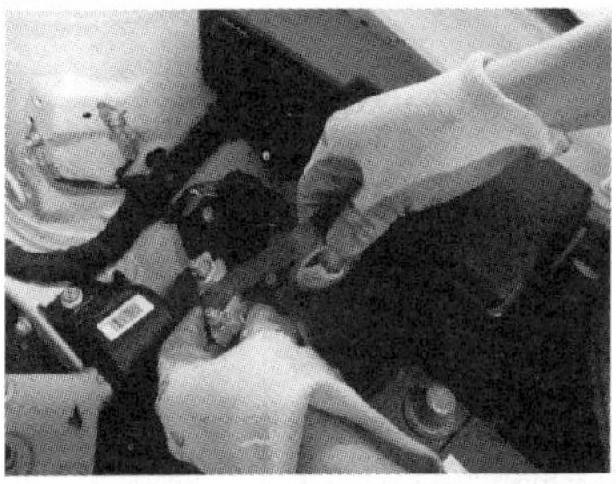 |
| 5. 放上断电修理的警告标识牌 | 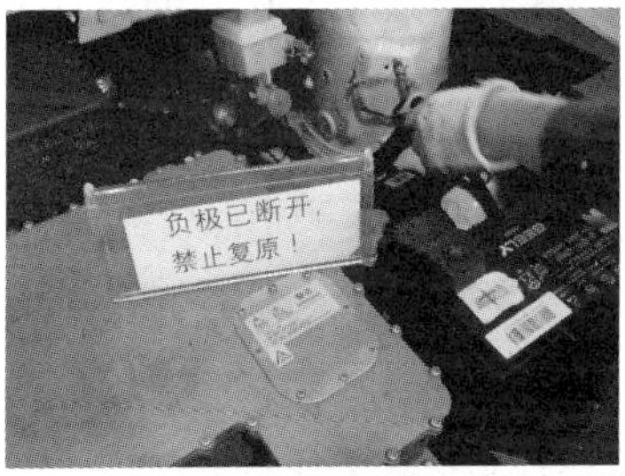 <br>负极已断开，禁止复原！ |
| 6. 打开车辆的中央储物箱<br>**提示：** 在打开中央储物箱前，确保客户重要物品已随身带走 | 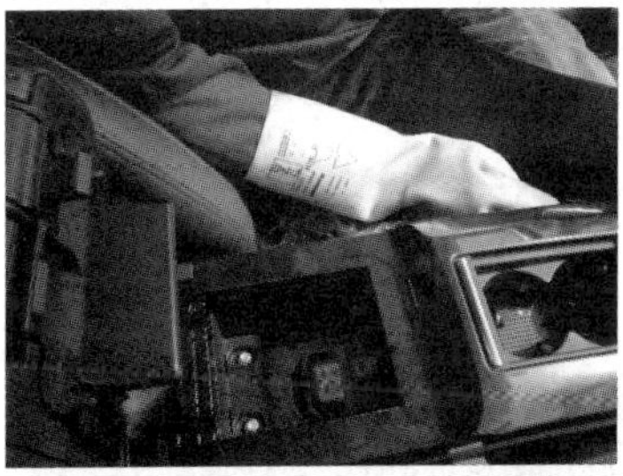 |
| 7. 拆卸高压维修开关。拆卸时第一次按下卡扣往上提至 45°位置，第二次按下卡扣至 90°位置后往上拉出高压维修开关<br>**提示：**<br>1）必须带上绝缘手套操作。<br>2）操作时必须有安全人员在场。<br>3）如果接下来有带电操作，则必须 5min 后进行 | 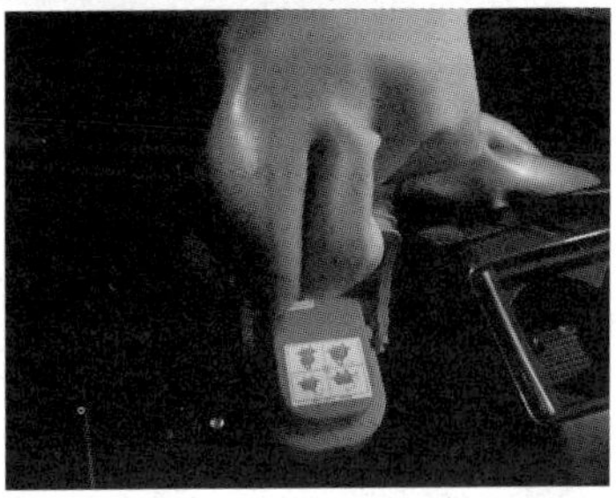 |

续表

| 操作步骤 | 操作图示 |
| --- | --- |
| <div align="center">作业三　举升车辆</div> | |
| 8. 举升车辆前的准备工作<br>提示：<br>1）检查举升机摆臂伸缩是否正常。<br>2）检查举升机摆臂摆动是否正常。检查时必须松开摆臂的锁止机构。<br>3）把举升机垫块放置在车辆的正确举升位置上 |  |
| 9. 举升后安全检查<br>提示：<br>把举升机举升至 10cm 高度左右，然后在车辆正前方和正后方的中间位置用双手往下压，检查车辆是否有震动或有声音，确保车辆平稳安全。<br>向下压车的时候，不要用力过大，以防止车身被压变形。此操作的目的是确保举升机操作过程中的平稳可靠，是一项必不可少的检查项目 |  |
| 10. 举升到底盘检查高度<br>提示：<br>举升到检查人员检查底盘时的举升高度后停止举升，按下下降按钮，此时不能按解锁键，当听到"嗒嗒"两声的时候，说明锁止正常，可以开始检查工作 |  |
| <div align="center">作业四　动力电池的基本检查</div> | |
| 11. 检查动力电池线束护板<br>提示：操作时佩戴好护目镜和安全帽 |  |

| 操作步骤 | 操作图示 |
|---|---|
| 作业四　动力电池的基本检查 | |
| 12. 检查动力电池低压控制线束插件外观<br>**提示：** 如果检查时发现外观出现破损、腐蚀或撞击现象要及时记录 |  |
| 13. 检查动力电池高压线缆动力电池端插件外观<br>**提示：** 检查时如果发现外观出现破损、腐蚀或撞击现象要及时记录 |  |
| 14. 确定动力电池型号<br>**提示：** 记录动力电池铭牌信息 | 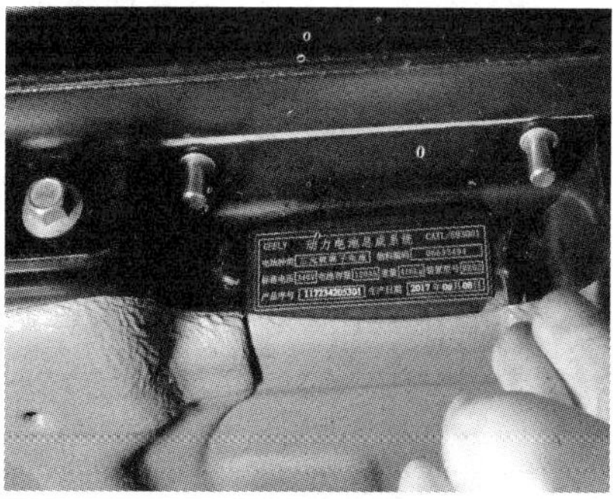 |
| 15. 在工作页上记录动力电池型号，并完成相关的任务 | 详细写出实施的工作过程（必要时可在单独的纸上继续）<br><br>**电 动 汽 车 动 力 电 池 系 统**<br><table><tr><td>额定电压</td><td></td></tr><tr><td>额定容量</td><td></td></tr><tr><td>总容量</td><td></td></tr><tr><td>质量</td><td></td></tr><tr><td>尺寸</td><td></td></tr><tr><td>型号</td><td></td></tr><tr><td>生产日期</td><td></td></tr></table> |

续表

| 操作步骤 | 操作图示 |
|---|---|
| 作业五　7S整理 | |
| 16. 下降举升机，放下车辆 |  |
| 17. 7S 整理 |  |

【任务拓展】

## 水果盐水电池实验

| 材料、工具、设备准备 | 鲜柠檬 |
|---|---|
| | 铜片、锌片、发光二极管、剪刀、电池、两端带鳄鱼夹的导线 |
| 操作步骤 | 1. 用小刀把鲜柠檬两边切出一个小口。<br>2. 把铜片、锌片分别插进柠檬两边的口子里。<br>3. 将鳄鱼夹分别夹住两个金属片，由导线连接起来。<br>4. 接上小灯泡，水果电池就完成了 |
| 结论 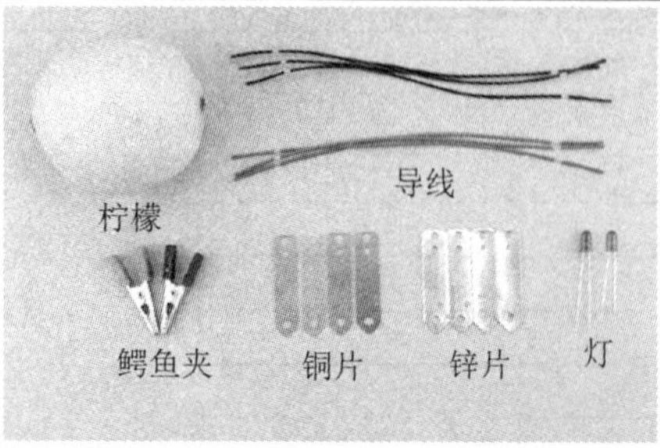 | 两种不同的金属片放在酸碱盐的溶液中，就能成为一个电池，所用的金属片就是电池的正极和负极 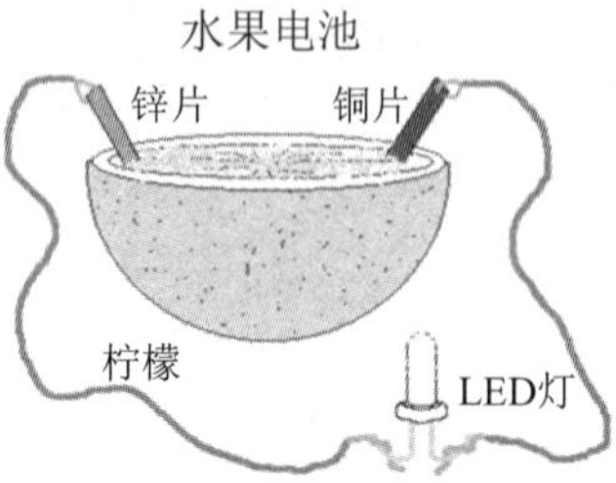 |

导线

柠檬

鳄鱼夹　铜片　锌片　灯

水果电池

锌片　铜片

柠檬

LED灯

# 任务 3.2　动力电池的拆卸与更换

**【客户委托】**

宋女士三年前买了一辆 EV300 新能源汽车，最近一段时间她发现开空调和其他娱乐设施时，续航里程出现严重下降，原本能开 250km，现在不足 140km。宋女士及时给新能源 4S 店打电话报修，4S 店给的回复是，现在需要拆卸动力电池进行检查。那么你知道动力电池有几个插接口吗？动力电池具体由哪些部件组成？

动力电池的
拆卸与更换

**【目标概述】**

知识目标：
> 了解电动汽车动力电池更换的步骤、内容和技术标准。
> 掌握电动汽车动力电池更换的原因。
> 熟悉电动汽车动力电池更换后的检验标准。

技能目标：
> 在实车中具有判断是否需要更换电池的能力。
> 能根据维修手册，在实车上安全、规范地更换电动汽车动力电池。
> 能在实车上对更换后的动力电池进行检验。

**【知识链接】**

不同类型、不同型号和不同使用程度的电池都具有不同的性能，包括电池的容量、工作电压、终止电压、质量、外形尺寸和电池特性（包括记忆特性）等，因此要对动力电池组建立技术档案。实际上，即使是同一型号、同一批量的电池，由于制造原因、电解质的浓度差异和使用情况的不同，都会对整个动力电池组的性能带来影响，因此，在安装动力电池组之前，应对每个电池进行检测，将性能差异不大的电池组成动力电池组。

## 3.2.1　动力电池系统的组成

动力电池系统主要由动力电池模组、动力电池管理系统、动力电池辅助加热装置、维修开关、高压正极和负极继电器、加热继电器、预充继电器、动力电池低压控制信号插口、动力电池箱接插口组成，部分组件如图 3-2-1 所示。与其他动力电池相比，锂材料的电池最大的优势在于对温差的适应性较强（−20～75℃），高温性能更稳定，电热峰值更高，这在很大程度上提高了整车性能，并且电池不含任何稀有金属，污染更小，安全稳定。

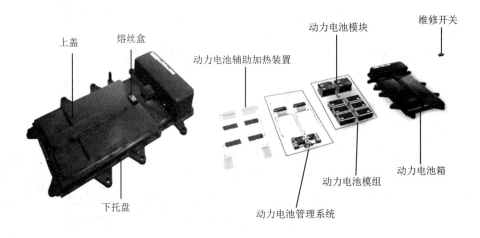

图 3-2-1　动力电池组件内部结构

### 3.2.2　动力电池系统部分部件说明

**1. 动力电池模组**

动力电池模组由 10 组动力电池模块串联而成，每一组动力电池模块由一组串联的电池单体组合而成，如图 3-2-2 所示。电池单体是构成动力电池模组的最小单元，一般由正极、负极、电解质（或电解液）和隔膜等组成。

**2. 电池管理系统**

图 3-2-2　动力电池模组

EV300 的电池管理系统共有 4 个控制盒：2 个电池管理系统控制盒、1 个高压控制盒以及 1 个主控盒，如图 3-2-3 所示。2 个电池管理系统控制盒主要负责监测动力电池组的温度和单体电芯的电压、电流等实时信息，然后通过低压控制线路上报给主控盒，并保持与主控盒之间的往复信息传输；高压控制盒负责监测高压回路状态信息并将信息传送给主控盒；主控盒通过 CAN 线与整车控制器连接，将收集到的数据进行综合分析处理之后发送新的指令信息给高压控制盒、电池管理系统及其他控制子系统。

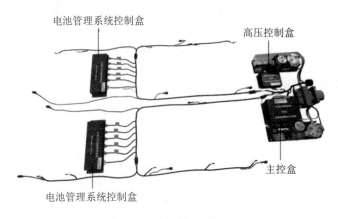

图 3-2-3　电池管理系统

### 3. 维修开关

维修开关如图 3-2-4 所示，在进行高压系统维修时，维修开关可机械断开高压连接，保护维修人员安全；在高压系统出现短路时，维修开关内置熔断器熔断，保护高压系统安全。

图 3-2-4　维修开关

### 4. 动力电池辅助加热装置

当车辆需要进行充电时，若动力电池中的电芯温度在 0℃ 以下则不能进行充电，这时动力电池辅助加热装置开始对电芯加热，当电芯温度高于 0℃ 时，开始正常充电。

### 5. 继电器和预充电电阻

EV300 纯电动汽车上主要有 4 种继电器，分别是高压正极继电器、高压负极继电器、预充电继电器和加热继电器。继电器和预充电电阻如图 3-2-5 所示。

图 3-2-5　继电器和预充电电阻

**【任务实施】**

设备准备：吉利电动汽车一辆、高压防护设备、常用绝缘工具、万用表、绝缘测试仪、动力电池举升机。

考核时间：共 4 学时，每 4 位同学一组，每组作业 30min。

人员安排：2 人操作。

| 操作步骤 | 操作图示 |
|---|---|
| **作业一　前期准备** ||
| 1. 人员安全防护<br>**提示：** 参考任务 2.1 的任务实施步骤进行操作 |  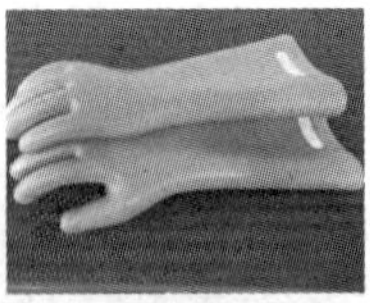 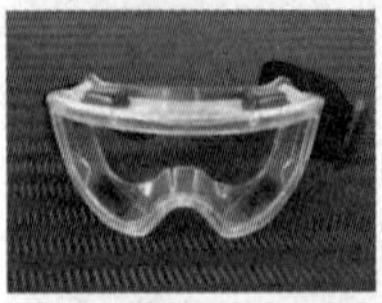  |
| 2. 设备安全防护<br>**提示：** 参考任务 2.1 的任务实施步骤进行操作 |  |
| **作业二　电动汽车的高压电断电** ||
| 3. **断开蓄电池负极**<br>**提示：**<br>1）使用 10 号绝缘扳手逆时针拧松电压蓄电池负极接线柱螺栓。<br>2）取下负极接线柱，接线柱尽量远离负极端，并用绝缘胶封住。<br>3）将警示牌放置在蓄电池附近，提示"高压系统已断开，禁止复原"，以保护操作人员安全 |  |
| 4. **断开高压维修开关**<br>**提示：**<br>1）穿戴高压手套和护目镜。<br>2）打开车辆扶手箱。<br>3）打开高压维修开关。<br>4）将维修开关放置在绝缘干燥的盒子内 | 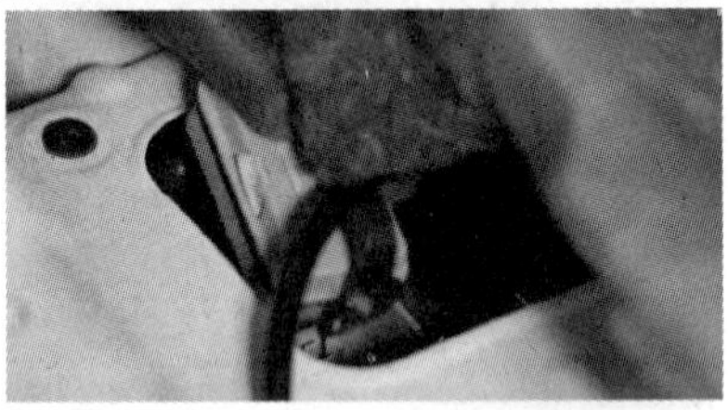 |
| 5. **举升车辆**<br>**提示：**<br>1）正确安装举升垫块，注意举升机垫块位置应对齐两个凹槽。<br>2）车辆离开地面时要再次确认。<br>3）举升车辆到合适位置，根据操作人员身高而定，然后锁止举升机 |  |

| 操作步骤 | 操作图示 |
|---|---|
| 作业二　电动汽车的高压电断电 | |
| 6. 检查动力电池的外观<br>**提示：**<br>1）佩戴高压手套、绝缘帽和护目镜。<br>2）检查动力电池外观是否有破损或变形。<br>3）检查动力电池的铭牌，记录型号、容量等相关信息 | <br>动力电池外观<br>检查 |
| 作业三　电动汽车的高压接口验电和放电操作 | |
| 7. 断开动力电池低/高压线缆<br>**提示：**<br>1）断开动力电池的两个高压线束连接器。脱开动力电池高压线缆，有三层保险，首先脱开第一层保险和第二层保险，然后用手抠住第三层保险向外拔。<br>2）断开动力电池与前机舱线束的两个线束连接器，逆时针旋转低压控制线束，旋转时往外拔，但不能强行拔动。<br>3）拆卸动力电池搭铁线固定螺母，断开动力电池搭铁线 | 脱开两个低压连接器，再脱开两个高压连接器<br> |
| 8. 高压线缆的验电<br>**提示：**<br>1）穿戴安全用具。<br>2）用万用表电压挡测量正负两个端子，用外八字方式测量。<br>3）电压低于 0.5V 时可以操作，如果有大电压在则不允许放电，说明存在严重的安全隐患，需要关注 |  |
| 9. 高压线缆的放电<br>**提示：**使用放电笔对动力电池高压线束端进行放电，动力电池侧不需要进行放电 |  |
| 10. 高压线缆再次验电<br>**提示：**<br>1）穿戴安全用具。<br>2）用万用表电压挡测量正负两个端子电压，用外八字方式测量。<br>3）电压低于 0.5V 时可以操作，如果有大电压存在则不允许放电，说明存在严重的安全隐患，需要关注 |  |

续表

| 操作步骤 | 操作图示 |
|---|---|
| 作业四　拆卸电动汽车动力电池 | |

| 操作步骤 | 操作图示 |
|---|---|
| 11. 排放动力电池冷却液<br>1）断开动力电池进出水管与动力电池的连接。<br>2）断开动力电池出水管与热交换器的连接。<br>3）断开动力电池进水管与水泵（水冷）的连接。<br>4）将冷却液排放在回收瓶内 |  |
| 12. 举升动力电池举升机<br>1）举升动力电池举升机，将动力电池举升机举升到合适位置，目视检查动力电池举升机与动力电池是否处于同一水平位置。<br>2）使用点动方式上升，直至动力电池举升机平台与动力电池底部完全贴合。<br>提示：动力电池举升机的技术要点包括水平、四点贴合、不能顶车 | <br>动力电池举升机<br>使用介绍 |
| 13. 拆卸动力电池<br>1）使用扭力扳手对动力电池固定螺栓进行预松。<br>2）拆卸动力电池总成前部 2 个固定螺栓。<br>3）拆卸动力电池总成左右各 4 个固定螺栓。<br>提示：拆卸前必须佩戴安全手套、安全帽和护目镜 |  |
| 14. 降下动力电池举升机<br>1）初期使用点动方式慢慢下降动力电池。<br>2）动力电池完全脱离电动汽车底盘时，可以快速下降到最低位置。<br>3）将动力电池举升机推出，远离电动汽车底部 |  |

| 操作步骤 | 操作图示 |
| --- | --- |
| 作业五　安装电动汽车动力电池 | |
| 15. 检查新的动力电池<br>1）检查新的动力电池外观是否有变形或破损。<br>2）检查新的动力电池高压线缆端插件器外观是否有变形或破损。<br>3）检查新的动力电池的铭牌是否符合规定 |  |
| 16. 安装动力电池<br>1）将动力电池举升机推入电动车下方。<br>2）举升动力电池，根据定位销位置做相应调整。<br>3）调整好后做点动上升。<br>提示：在安装动力电池时，速度要慢，操作要稳，如果出现定位销没对齐的情况，要下降重新对准，不能强行举升 |  |
| 17. 安装动力电池固定螺栓<br>1）先用手将动力电池螺栓旋入进行固定。<br>2）使用棘轮扳手加套筒进行第一次紧固。<br>3）使用扭力扳手进行二次紧固，紧固力矩为95N·m。<br>4）降下动力电池举升机。<br>提示：这里也是一个操作难点，主要是对定位销的操作，如果开始拆卸时动力电池举升机左右水平，安装会比较简单；如果左右不水平，则安装会比较困难 |  |
| 18. 安装动力电池高/低压线束<br>1）连接动力电池的 2 个高压线束连接器。<br>2）连接动力电池与前机舱线束的 2 个线束连接器。<br>3）连接动力电池搭铁线固定螺母，连接动力电池搭铁线。<br>提示：安装前必须佩戴安全手套、安全帽和护目镜 | 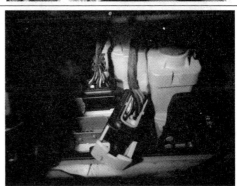 |

续表

| 操作步骤 | 操作图示 |
| --- | --- |
| 作业六　7S 整理 | |
| 19. 验证动力电池工作情况<br>1）连接 12V 蓄电池负极。<br>2）启动车辆，仪表出现 REDAY（OK）。<br>3）使用诊断仪读取故障码。<br>充电验证：用模式 2 充电器对车辆进行充电 | 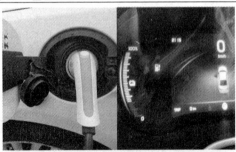 |
| 20. 7S 整理<br>提示：<br>1）整理翼子板护围、整理座套、整理方向盘套及脚垫。<br>2）整理工具、整理设备、整理隔离警示装置、清洁场地。<br>3）整理个人防护品。<br>4）任务单填写要规范整洁 |  |

## 任务 3.3　电池管理系统的维护

**【客户委托】**

王女士早上去上班，启动车辆时发现仪表上显示"动力电池断开"并且 READY 指示灯未点亮，车辆启动不了。王女士马上联系新能源 4S 店报修，4S 店初步检查发现是电池管理系统出现故障，如何进行维修？

电池管理
系统的维护

**【目标概述】**

知识目标：

➢ 了解电池管理系统的相关功能。

➢ 掌握电动汽车电池单体电压的采样及均衡管理。

技能目标：

➢ 能对动力电池箱进行常规检测及保养。

➢ 能通过检测判断单体电池组是否损坏，能更换动力电池内部的单个电池。

【知识链接】

电池管理系统的作用是对电池的组合、安装、充电、放电、电池组中各个电池的不均衡性、电池的热管理和电池的维护等进行监控和管理，使电池组能够提高工作效率，保证正常运转，避免发生电池的过充电和过放电，有效延长电池的寿命。电池管理系统还起到动力电池组的安全管理和保洁等功能。

### 3.3.1 电池管理系统总体功能介绍

电池管理系统（BMS）作为实时监控、自动均衡、智能充放电的电子系统，具有保障安全、延长电池寿命、估算剩余电量等重要功能，是动力和储能电池组中不可或缺的重要部件，如图 3-3-1 所示。BMS 通过对电池组进行安全监控及有效管理，提高了电池的使用效率，达到增加续驶里程、延长其使用寿命、降低运行成本的目的，进一步提高电池组的可靠性，对于电动汽车的整车控制、安全管理以及提高可靠性具有重要意义。

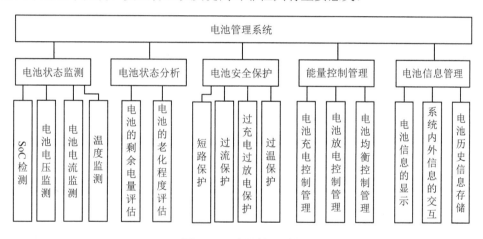

图 3-3-1 电池管理系统

### 3.3.2 电池管理系统具体功能介绍

1. 过充电保护

电池过充电将破坏正极结构而影响电池性能和寿命，还会使电解液分解，使内部压力过高而导致漏液、变形、起火等问题。过充电保护就是当电池组中某个单元电池的电压高于设定的过充保护电压值，且该状态的保持时间超过预设延时时，保护功能动作，切断充电电路，停止对电池组的充电，并锁定为过充电状态。

2. 过放电保护

电池过放电会导致大量活性物质容量大量衰减而不可逆，并可能导致漏液、零电压以及负电压，这也是损害电池性能的主要原因之一。过放电保护就是当电池组中某个单元电池的电压低于设定的过放电保护电压值，且该状态的保持时间超过预设延时时，保护功能动作，切断放电电路，停止对电池组的放电，并锁定为过放电状态。

### 3. 过流保护

过流保护分为充电过流保护和放电过流保护。当电池组的充电电流或放电电流超过预设值，且该状态的保持时间超过预设延时时，保护功能动作，切断充电电路或放电电路，停止对电池组的充电或放电，并锁定为过流状态。过流保护在一定时间后自动释放。

### 4. 短路保护

当电池组发生短路，且该状态的保持时间超过预设延时时，保护功能动作，切断充电电路和放电电路，禁止对电池组进行充电和放电，系统设定为短路状态。

### 5. 过温保护

系统可进行多点温度采样，包括电池体温度、环境温度、功率器件温度等，根据不同的采样位置，预设相应的保护值。当检测到的温度超过设定的高温保护值，且该状态的保持时间超过预设延时时，保护功能动作，切断充电电路和放电电路，禁止对电池组进行充电和放电，并锁定为过温状态。当检测到的温度恢复为所设定的高温释放温度以下，且保持时间超过预设延时时，过温保护释放。

### 6. 电池电压检测

管理系统可对电池组中每个单元电池的电压进行检测，并转换为数字值。

### 7. 电流检测

管理系统应可对电池组中充放电的电流进行检测，并转换为数字值。

### 8. 温度检测

管理系统应可对电池体温度、环境温度、功率器件温度等温度状态量进行检测，并转换为数字值。

### 9. SoC 检测

SoC 检测通过估算电池的剩余容量，为系统进行相应的控制提供依据和为驾驶员合理安排驾驶提供参考。

### 10. 监控显示

管理系统通过液晶显示屏，显示相关检测数据，使用户能够直观了解电池使用情况。

### 11. 通信功能

电池管理系统应具备通信功能，可扩充多种总线接口，通过通信接口与设备总线相连，汇报电池组的参数和状态。

### 12. 受控功能

电池管理系统应可以通过通信接口接收设备总线上发来的控制指令，并做出相应响应，如按照总线指令对电池组做开启或关闭等操作。电池管理系统也可以通过通信接口接收设备总线上下传的参数信息，更新或调整电池管理系统的相关参数，如保护参数、电压参数、电流参数、温度参数、时间参数等都可通过软件编程的方式灵活修改。

### 13. 均衡功能

由于电池制作工艺等的差异，使得生产出来的电池性能不可能完全一致，而使用中充放电的不同又加剧了电池的不一致性，这就需要对电池进行有效的均衡，以保证电池组在使用周期内的一致性，从而有效地改善电池组的使用性能，延长电池组的使用寿命。

### 14. 散热功能

管理系统包含散热组件，可对电池体、功率器件等进行被动散热和主动散热。被动散热采用普通热传递方式，满足系统在正常温度下的散热需求。被动散热无须进行管理控制，不消耗电源功耗。当电池的温度超过正常值，被动散热无法满足要求时，管理系统可开启主动散热功能，通过风扇加速空气循环和温度传递，风扇的转速可根据温度高低自动调整。

### 15. 自检功能

电池管理系统具备自检功能，系统每次运行时首先完成初始化检测，如发现问题则自动做出相应的处理，并通过液晶显示屏或总线接口报警。电池组在工作过程中，电池管理系统也会定时巡检，及时发现可能出现的问题，自动做出相应安全处理，并报警显示。

**【任务实施】**

设备准备：动力电池箱两个、举升机、安全防护设备、绝缘表、气密性测试仪、接地电阻测试仪若干。

考核时间：共 4 学时，每 4 位同学一组，每组 30min。

人员安排：2 人操作。

| 操作步骤 | 操作图示 |
|---|---|
| 作业一　前期准备 | |
| 1. 人员安全防护<br>提示：参考任务 2.1 的任务实施步骤进行操作 | |

续表

| 操作步骤 | 操作图示 |
| --- | --- |
| 作业一　前期准备 | |
| **2. 设备安全防护**<br>**提示：**参考任务 2.1 的任务实施步骤进行操作 | |
| 作业二　动力电池总成的基本测试（外部） | |
| **3. 测量动力电池输出母线端口电压**<br>**提示：**使用万用表检测动力电池的正负极输出接线柱之间的电压值，正常电压应为 0V。因为在断电情况下，为了安全，动力电池内部主正和主负继电器是断开的，所以没有电压，如果检测出超过 20V 以上的电压，需要特别注意 | |
| **4. 检查动力电池高压插件外观**<br>**提示：**检查外观是否有破损，检查内部插针是否松动或弯曲 | |
| **5. 检查动力电池低压插件外观**<br>**提示：**检查外观是否有破损，检查内部插针是否松动或弯曲 | |
| **6. 动力电池外观检查与清洁**<br>**提示：**检查动力电池外观是否有破损、被撞击现象 | |

| 操作步骤 | 操作图示 |
| --- | --- |
| 作业二　动力电池总成的基本测试（外部） | |
| 7. 动力电池连接螺栓检查<br>**提示**：检查动力电池螺栓和螺栓孔外观是否有弯曲或变形 |  |
| 8. 连接动力电池密封测试仪<br>**提示**：<br>1）将单向阀螺栓拧下并将泄压阀安装上去。<br>2）连接好气管后打开进气阀，注意安装时短管接泄压阀，长管接打气筒。<br>3）安装气压表 <br>动力电池<br>气密性检查 | 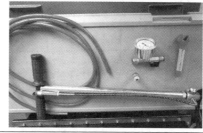 |
| 9. 测试动力电池总成密封性（防护等级）<br>**提示**：<br>1）用打气筒将气打到 2～2.5kPa。<br>2）观察气压表读数，注意气压表的单向阀应处于开启状态。<br>3）观察 1min，读数不得低过 2.0kPa，读数幅度不得大于 0.2kPa，注意读数时气压表单向阀应关闭 |  |
| 10. 检测动力电池部件之间的绝缘电阻<br>**提示**：测量动力电池箱体与高压输出端的电阻值。<br>标准值：在 500V 挡位，大于 550MΩ |  |
| 11. 测量动力电池箱的等电位阻值<br>**提示**：位电阻值应小于 100MΩ，注意测试前应调零，用旋钮进行调节（用 20MΩ 挡位）<br>标准值：在 200MΩ，小于 100MΩ |  |

续表

| 操作步骤 | 操作图示 |
| --- | --- |
| 作业三　对动力电池内部单体电池进行检测与更换 | |
| 12. 拆卸动力电池上盖 |  |
| 13. 测量动力电池单体组电压<br>**提示**：使用万用表检测单体电池包的电量，标准值为25.5～37.2V。若低于规定值则更换单体电池模块。<br>备注：<br>动力电池模组包含10个动力电池模块，需要使用同样的方法进行排查，若发现某一动力电池模块电压异常，需更换此动力电池模块 |  |
| 14. 取下动力电池组正负极接插件防尘罩<br>**提示**：操作时需佩戴防护设备 |  |
| 15. 取下动力电池组固定螺栓<br>**提示**：使用绝缘棘轮扳手、绝缘接杆、绝缘HW5套筒预松01号电池组的正负极接插件的4颗固定螺栓 | 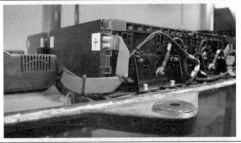 |
| 16. 断开低压信号接插件<br>**提示**：<br>1）断开动力电池组的正负极接插件。<br>2）断开动力电池组的低压信号接插件 |  |

续表

| 操作步骤 | 操作图示 |
|---|---|
| 作业三　对动力电池内部单体电池进行检测与更换 | |
| 17. 断开加热片装置的接插件<br>**提示**：断开 01 号动力电池组加热片装置的接插件 |  |
| 18. 预松动力电池组的接地线固定螺栓<br>**提示**：使用绝缘棘轮扳手、绝缘接杆、绝缘 10mm 套筒预松第一组动力电池组的接地线固定螺栓 |  |
| 19. 取下第一组动力电池组 |  |
| 20. 检测单体电池<br>**提示**：使用万用表检测单体电池包的电量，标准值在 32V 左右。若低于规定值则需更换单体电池模块 |  |
| 21. 更换新的单体电池组 |  |

右上角：续表

| 操作步骤 | 操作图示 |
|---|---|
| 作业三　对动力电池内部单体电池进行检测与更换 | |
| 22. 安装动力电池上盖<br>**提示**：需使用密封胶，在动力电池的下托盘上涂抹密封胶 |  |
| 作业四　7S 整理 | |
| 23. 7S 整理<br>**提示**：<br>1）整理翼子板护围、座套、方向盘套及脚垫。<br>2）整理工具、设备、隔离警示装置并清洁场地。<br>3）整理个人防护品。<br>4）任务单填写规范整洁 |  |
| 24. 处理废旧电池<br>**提示**：对废旧电池进行环保处理 |  |

# 项目 4 电机驱动系统的维护与保养

## 任务 4.1 电机驱动系统的基本检查

**【客户委托】**

出租车师傅老张如愿换了一辆吉利 EV450 纯电动汽车,降低了很多运营成本,老张欣喜万分。开了一段时间后,老张接到 4S 店打来的电话,提醒老张要按时做保养。他想,纯电动车与传统燃油汽车有很多不同,需要做什么保养呢?但作为使用纯电动汽车的新客户,他听从建议去了 4S 店。老张在 4S 店提供的保养单上看到了"电机驱动系统的检查",他一时不能理解。请帮他了解什么是电机驱动系统,要做哪些检查。

电机驱动系统的
基本检查

**【目标概述】**

知识目标:
➢ 了解纯电动汽车电机驱动系统的作用与特点。
➢ 了解纯电动汽车电机驱动系统的组成。
➢ 了解电动汽车的电机驱动系统的基本检查内容。

技能目标:
➢ 能够查阅纯电动汽车技术资料。
➢ 能够掌握电机的基本检查。
➢ 能够掌握电机驱动系统的基本检查。

**【知识链接】**

纯电动汽车以车载电源为动力,用电机驱动车轮行驶,因此驱动系统是电动汽车最主要的系统之一。电动汽车运行性能的好坏主要是由其驱动系统决定的。

电动汽车的电机驱动系统由电机、电机控制器、机械传动装置、车轮等构成。

电动汽车的电机驱动系统的作用是通过有效的控制策略将动力电池提供的直流电转化为交流电,实现电机的正转以及反转控制。在减速/制动时将电机发出的交流电转化为直流电,将能量回收给动力电池或者提供给超级电容等储能设备供给二次制动使用。

电机将电能转化成机械能，为车辆行驶提供驱动力的电气装置，该装置也可具备机械能转化成电能的功能。

电机控制器是控制动力电源与电机之间能量传输的装置，由控制信号接口电路、电机控制电路和驱动电路组成。图 4-1-1 所示为电动汽车前机舱中的电机控制器。

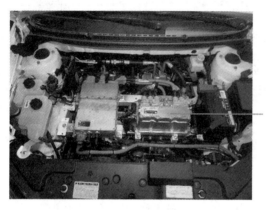

图 4-1-1　电动汽车前机舱中的电机控制器

### 4.1.1　电机驱动系统

根据驱动轮所施加驱动转矩的来源，可以将纯电动汽车所采用的驱动方式分为两种：集中驱动和车轮独立驱动。

集中驱动方式中电源通过功率转换器和电机转换为驱动力，再经过变速器和减速器（或只通过减速器）降速增矩，最后经差速器将驱动转矩大致平均地分配给驱动轮，可以采用前轮驱动、后轮驱动或四轮驱动的形式，其结构如图 4-1-2 所示。

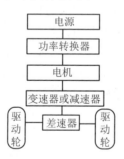

图 4-1-2　集中驱动的结构

车轮独立驱动方式中利用电子控制器控制电源分别驱动单个车轮，可以分为两轮独立驱动和四轮独立驱动，其结构如图 4-1-3 所示。

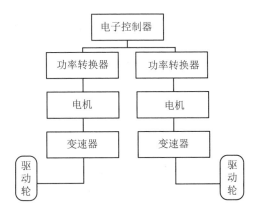

图 4-1-3　车轮独立驱动的结构

### 1. 集中驱动

纯电动汽车的集中驱动系统布置形式目前主要有三种典型结构，即传统驱动系统布置形式、电机-驱动桥组合式驱动系统布置形式、电机-驱动桥整体式驱动系统布置形式。

（1）传统驱动系统布置形式

如图 4-1-4（a）所示，传统驱动系统仍然采用内燃机汽车的驱动系统布置方式，包括离合器、变速器和驱动桥等，只是将内燃机换成电机，属于改造型电动汽车。这种布置方式可以提高纯电动汽车的启动转矩，增加低速时纯电动汽车的后备功率。这种驱动系统布置形式包括电机前置配驱动桥前置和电机前置配驱动桥后置等驱动模式。但是，这种驱动系统布置形式结构复杂、效率低，不能充分发挥驱动电机的性能。在此基础上，还有一种简化了的传统驱动系统布置形式，如图 4-1-4（b）所示，采用固定速比减速器，去掉了离合器。这种驱动系统布置形式减小了机械传动装置的质量，缩小了其体积。

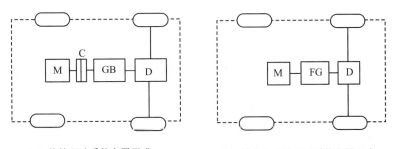

（a）传统驱动系统布置形式　　　　　　（b）简化的传统驱动系统布置形式

图 4-1-4　两种传统驱动系统布置形式

M—电机；FG—固定速比减速器；D—减速器；C—离合器；GB—变速器。

传统驱动系统的工作原理类同于传统汽车，离合器用来切断或接通驱动电机到车轮之间传递动力的机械装置，变速器是一套具有不同速比的齿轮机构。驾驶人按需要来选择不同的挡位，使车轮在低速时获得大转矩、低转速，而在高速时获得小转矩、高转速。由于采用了调速电机，其变速器可相应简化，挡位数一般有一个就够了，倒挡也可利用电机的正反转来实现。驱动桥内的机械式差速器使得汽车在转弯时左右车轮可以不同的转速行驶。这种模式主要用于早期的纯电动汽车，省去了较多的设计，也适于对原有汽车的改造。

（2）电机-驱动桥组合式驱动系统布置形式

电机-驱动桥组合式驱动系统布置形式的特点是在电机端盖的输出轴处加装减速齿轮和差速器等部件，电机、固定速比减速器的轴互相平行，一起组合成一个驱动整体。它通过固定速比的减速器来放大电机的输出转矩，但没有可选的变速挡位，也就省掉了离合器。这种布置形式的机械传动结构紧凑，传动效率较高，便于安装，但其对电机的调速要求较高。根据传统汽车的驱动模式可以将电机-驱动桥组合式驱动系统布置形式分为驱动电机前置-驱动桥前置或驱动电机后置-驱动桥后置两种，如图 4-1-5 所示。这种驱动系统布置形式具有良好的通用性和倒换性，便于在现有的汽车底盘上安装使用，维修也较为方便。

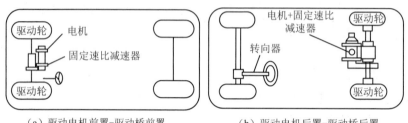

（a）驱动电机前置-驱动桥前置　　　（b）驱动电机后置-驱动桥后置

图 4-1-5　电机-驱动桥组合式驱动系统布置形式

（3）电机-驱动桥整体式驱动系统布置形式

电机-驱动桥整体式驱动系统布置形式与发动机横向前置-前轮驱动的内燃机汽车的布置形式类似，把电机、固定速比减速器和差速器集成为一个整体，两根半轴连接驱动轮。电机-驱动桥整体式驱动系统布置形式采用同轴式，如图 4-1-6 所示。

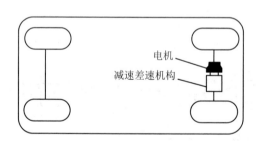

图 4-1-6　电机-驱动桥整体式驱动系统布置形式

同轴式驱动系统的电机轴是一种特殊制造的空心轴，在电机左端输出轴处的装置有减速齿轮和差速器，差速器可同时带动左右半轴，而右半轴也可以单独由电机的空心轴来带动。

**2. 车轮独立驱动**

车轮独立驱动布置形式目前主要有两种典型结构，即双联式独立驱动方式和轮毂电机独立驱动方式。

（1）双联式独立驱动

双联式独立驱动系统也称为双电机驱动系统，由左右两台永磁电机直接通过固定速比减速器分别驱动两个车轮，左、右电机由中间的电控差速器控制，每个电机的转速可以独立地调节控制，便于实现电子差速而不必选用机械差速器，如图 4-1-7 所示。

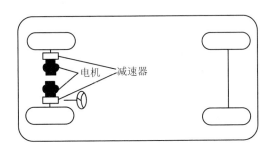

图 4-1-7 双联式独立驱动

双联式独立驱动系统具有结构更紧凑、传动效率高、质量轻、体积小、安装方便的特点，并具有良好的通用性和互换性，在小型电动汽车上应用最为普遍。

（2）轮毂电机独立驱动

轮毂电机直接装在汽车车轮里，主要有内定子外转子和内转子外定子两种结构，如图 4-1-8 所示。

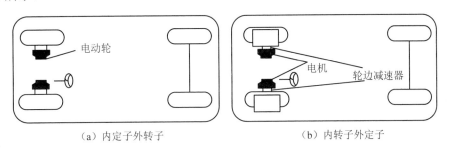

（a）内定子外转子　　　　　　　　　　　（b）内转子外定子

图 4-1-8 轮毂电机独立驱动

内定子外转子轮毂电机独立驱动系统布置形式采用低速内定子外转子电机，其外转子直接安装在车轮的轮缘上，可完全去掉变速装置，电机转速和车轮转速相等，车轮转速和车速控制完全取决于电机的转速控制。由于不通过机械减速，通常要求电机为低速大转矩电动机。这种形式又称为电动轮，其结构简单，不需要齿轮变速传动机构，但体积大、质量大、成本高。

内转子外定子轮毂电机独立驱动系统布置形式采用一般的高速内转子外定子电机，其转子作为输出轴与固定减速比的行星齿轮变速器的太阳轮相连，而车轮轮毂通常与其齿圈连接。它能提供较大的减速比来放大其输出转矩。电机装在车轮内，形成轮毂电机，可进一步缩短从电机到驱动轮的传递路径。它采用高速内转子电机，转速约为 10000r/min，需安装固定速比减速器来降低车速，一般采用高减速比行星齿轮减速装置，安装在电机输出轴和车轮轮缘之间，且输入轴和输出轴可布置在同一条轴线上。高速内转子电机具有体积小、质量轻和成本低的优点，但它需要添加行星齿轮变速机构。

采用轮毂电机独立驱动可大大缩短从电机到驱动轮的传递路径，不仅能腾出大量的有效空间，便于总体布局，而且内定子外转子结构形式大大提高了对车轮的动态响应控制性能。每台电机的转速可独立调节控制，便于实现电子差速，既省去了机械差速器，也有利于提高汽车转弯时的操控性。轮毂电机独立驱动在汽车上的布置方式包括双前轮驱动、双后轮驱动和前后四轮驱动等模式。

### 4.1.2　电机

1. 电动汽车中的电机

电机，也称为电动机、动力电机或驱动电机，是一种将电能转化成机械能，并可以再使机械能产生动能，用来驱动其他装置的电气设备。图 4-1-9 所示是吉利帝豪 EV450 电机示意图。

1—电机；2—电机控制器。

图 4-1-9　纯电动汽车吉利帝豪 EV450 电机示意图

电机（见图 4-1-10）是纯电动汽车的唯一动力源，按照电机控制器的指令，将电能转化为机械能，可向外输出扭矩，输出给车辆的传动系统，驱动汽车前进或后退。同时，也可以作为发电机发电，将行驶中产生的机械能（如制动效能）转化为电能，通过车载充电器输送给动力电池。

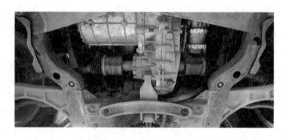

图 4-1-10　电机

电机实现转矩的快速响应性指标要比发动机高出两个数量级，按常规来说，电气执行的响应速度都要比机械机构快几个数量级，因此随着计算机电子技术的发展，用先进的电气控制来取代笨重、庞大且响应滞后的部分机械、液压装置已成为技术进步发展的必然趋势，它不但使各项性能指标大大提高，也将使制造成本降低。

2. 电机特性

电机的旋转磁场和定子线圈共同作用产生扭矩。与传统汽油机不同，电机没有怠速。即使车辆由静止到起步的临界状态，电机也可产生最大驱动扭矩，可保证提供给车辆较好的加速能力。电机转速–转矩的关系如图 4-1-11 所示，这也是纯电动汽车起步快、加速能力强的原因。

电机驱动系统应符合下列要求：

1）瞬时功率大，短时过载能力强，以满足爬坡及加速的需要。

2）调速范围广。

3）在运行的全部速度范围和负载范围内，具有较高的效率。

4）可靠性高，使用方便简单，价格低廉。

5）功率密度（电池输出的功率与其重量之比）高，体积小，质量轻。

纯电动汽车将电机的驱动转矩传给汽车的驱动轴，因为电机可以带负载启动，所以纯电动汽车上无须传统内燃机汽车的离合器，并且驱动电机的转向可以通过电路控制来实现变换，因此纯电动汽车也无须内燃机汽车变速器中的倒挡。当采用电机无级调速控制时，纯电动汽车可以省去传统汽车的变速器。

3. 电机的工作原理

当三相交流电被接入定子线圈中时，即产生旋转的磁场，这个旋转的磁场牵引转子内部的永磁体，产生和旋转磁场同步的旋转扭矩。使用旋转变压器检测转子的位置和电流传感器检测线圈的电流，从而控制驱动电机的扭矩输出。图 4-1-12 所示为电机的工作原理图。

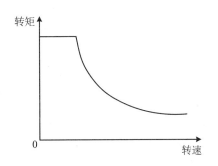

图 4-1-11　电机转速–转矩的关系

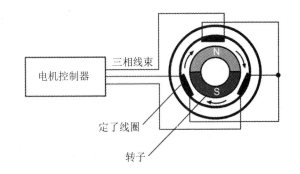

图 4-1-12　电机的工作原理图

4. 常用电机术语及其定义

常用的电机术语及其定义如下。

1）直流母线电压：驱动电机系统的直流输入电压。

2）额定电压：直流母线的标称电压。

3）最高工作电压：直流母线电压的最高值。

4）输入/输出特性：表示电机、电机控制器或电机驱动系统的转速、转矩、功率、效率、电压、电流等参数间的关系。

5）持续转矩：规定的最大、长期工作的转矩。

6）持续功率：规定的最大、长期工作的功率。

7）工作电压范围：能够正常工作的电压范围。

8）转矩-转速特性：转速特性一般指形容频率的曲线；转矩特性一般指确定电压上升的曲线。

9）峰值转矩：该电机可以达到的并可以短时工作而不出现故障的最大转矩值。

10）堵转转矩：机械设备转速为零（堵转）时的力矩。

11）最高工作转速：达到最高功率而呈现出来的最高速度。

5. 电机型号

图 4-1-13 所示为电机的铭牌，显示了电机的主要参数。

图 4-1-13　电机的主要参数

电机型号由电机类型代号、尺寸规格代号、信号反馈元件代号、冷却方式代号和预留代号 5 部分组成。

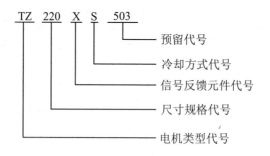

（1）电机类型代号

电机类型代号主要包括以下几个。

① KC——开关磁阻电机。

② TF——方波控制型永磁同步电机。

③ TZ——正弦控制型永磁同步电机。

④ YR——异步电机（绕线式）。

⑤ YS——异步电机（鼠笼式）。

⑥ ZL——直流电机。

（2）尺寸规格代号

电机的尺寸规格代号一般采用定子铁心的外径尺寸来表示，对于外转子电机，则采用外转子铁心外径尺寸来表示。

（3）信号反馈元件代号

电机信号反馈元件代号主要包括以下几个。

① M——光电编码器。

② XX——旋转变压器。

③ HH——霍尔元件。

若无传感器则不必标注。

（4）冷却方式代号

电机的冷却方式代号包括以下几个。

① SS——水冷方式。

② YY——油冷方式。

③ FF——强迫风冷方式。

若为非强迫冷却方式（自然冷却）则不必标注。

（5）预留代号

预留代号用英文大写字母或阿拉伯数字组合，其含义由制造商自行确定，一般对位数不做规定。

## 6. 电机的分类

电机的分类如下。

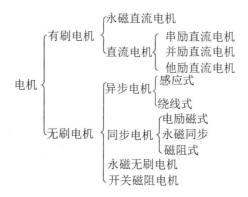

**【知识拓展】**

旋变信号的作用是反映驱动电机转子当前的旋转相位，然后电机控制器通过旋变信号计算当前的驱动电机转速。吉利 EV450 旋转变压器采用磁阻式旋转变压器，其结构如图 4-1-14 所示，旋变转子与电机转子同轴连接，随电机转轴旋转；旋变定子内侧有感应线圈，安装在电机定子上。电机旋转时，带动旋变转子旋转。旋变器与电机控制器之间通过 6 根低压线束连接，2 根是电机控制器激励信号，另外 4 根分别是旋变器输出的正弦信号和余弦信号。6 根线当中任何一根线路出现故障都会导致电机无法正常工作。

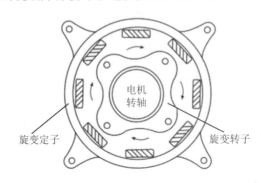

图 4-1-14　磁阻式旋转变压器的结构

## 【任务实施】

设备准备：吉利电动汽车一辆、高压防护设备、常用绝缘工具、万用表、绝缘测试仪、接地电阻仪、冰点仪、举升机。

考核时间：共 4 学时，每 4 位同学一组，每组作业 30min。

人员安排：2 人操作。

| 操作步骤 | 操作图示 |
|---|---|
| 作业一　前期准备 | |
| 1. 人员安全防护<br>提示：参考任务 2.1 的任务实施步骤进行操作 | |
| 2. 设备安全防护<br>提示：参考任务 2.1 的任务实施步骤进行操作 | |

| 操作步骤 | 操作图示 |
|---|---|
| 作业二　电机控制器基本检查 | |
| 3. 检查外观、安装情况<br>检查电机控制器外观是否有变形、磕碰和油污。<br>**提示**：带好安全防护，利用手电筒，需要安全员在一边监督；检查电机控制器安装是否牢固；检查电机控制器密封垫是否有变形；检查高低压线束、插接件是否松动、外观是否完整 |  |
| 4. 检查冷却水管接头是否有泄漏<br>**提示**：要带防酸碱手套 |  |
| 5. 检查冷却液液位<br>冷却液液位要在 F～L 位置，如果低于 L 位置，则要及时添加冷却液 |  |
| 6. 检查冷却液冰点并记录<br>查阅技术资料，查找冷却液的型号 | 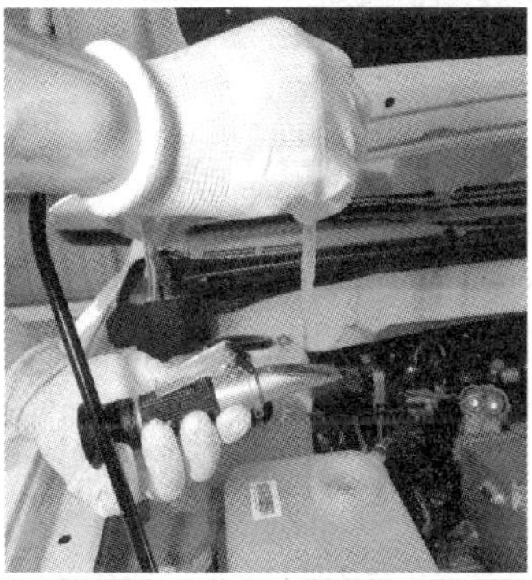 |
| 7. 检查电机控制器的接地线连接螺栓是否牢固 | 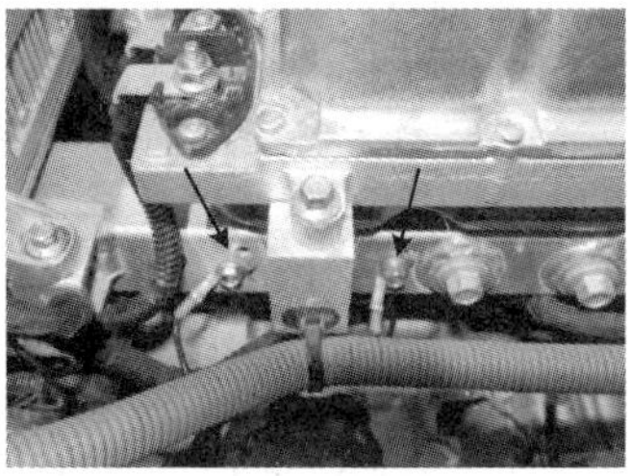 |

| 操作步骤 | 操作图示 |
| --- | --- |
| 作业二　电机控制器基本检查 | |
| 8. 检查 DC-DC 电压<br>标准值：14V 以上 |  |
| 作业三　驱动电机的基本检查 | |
| 9. 举升车辆<br>提示：操作时佩戴好护目镜和安全帽 |  |
| 10. 正确记录电机铭牌 |  |
| 11. 检查电机低压控制线束插件的外观 |  |
| 12. 检查电机高压线缆动力电池端插件的外观 |  |

| 操作步骤 | 操作图示 |
|---|---|
| 作业三　驱动电机的基本检查 | |
| 13. 检查冷却水管管路有无老化、渗漏现象 |  |
| 14. 电机机械连接紧固<br>检测螺栓上的漆标，若漆标位置有移动则对螺栓进行紧固，若无则不做要求 |  |
| 15. 接地线连接<br>电机接地线部位的接地电阻值不大于 0.1Ω<br><br><br><br>电机控制器接地<br>线部位的接地电<br>阻检查 |  |
| 作业四　7S 整理 | |
| 16. 下降举升机，放下车辆；整理 |  |

## 任务 4.2　电机控制系统的维护与保养

### 【客户委托】

出租车师傅老张开着吉利帝豪 EV450 开心地赚着钱，可是突如其来的一场大雨，让老张非常苦恼。经过是这样的：EV450 驶过一段桥下积水后，车就熄火了。老张只好打救援电话将车拖到了 4S 店。经过检查，发现故障原因是高压部件进水造成短路。下面我们一起来看看这辆车到底存在什么问题。

电机控制系统
的维护与保养

### 【目标概述】

知识目标：
➤ 了解纯电动汽车电机控制器的含义。
➤ 了解纯电动汽车电机控制系统的组成。
➤ 了解纯电动汽车电机控制器的原理与结构。

技能目标：
➤ 能查阅纯电动汽车技术资料。
➤ 掌握电机控制器的维护与保养。

### 【知识链接】

在电动车辆中，电机控制器的功能是根据挡位、油门、刹车等指令，将动力电池所存储的电能转化为电机所需的电能，来控制电动车辆的启动运行、进退速度、爬坡力度等行驶状态，或者将帮助电动车辆刹车，并将部分刹车能量存储到动力电池中。它是电动车辆的关键零部件之一。

#### 4.2.1　电机控制器的功能及分类

图 4-2-1　电机控制器

电机管理模块即电机控制器，通常简称 MCU，主要用于管理和控制电机的运转速度、方向以及将电机作为逆变电机发电。MCU 的功能类似于传统汽车的发动机控制模块。电机控制器如图 4-2-1 所示。

电机控制器的作用是控制电动车辆的启动运行、进退速度、爬坡力度等行驶状态，或者辅助电动车辆制动，并将部分制动能量存储到动力电池中。

1）电机控制器具备制动回馈功能，当整车制动时，电机控制器通过制动回馈将电能存入动力电池中，提高续航里程。

2）防溜坡功能是为了避免在坡道起步时，在从制动踏板向油门踏板切换的过程中车辆后溜。当发现车辆后溜时，电机控制器进入防溜坡状态，电机控制器自动调整转矩输出，克服车辆因重力引起的后溜。

3）电机控制器还具备定速巡航功能，在不踩油门踏板的情况下，电机控制器可输出力矩，自动按照整车控制器（VCU）设定的车速，使车辆保持以固定的速度行驶，以节省驾驶员体力，提高驾驶体验。

目前使用在纯电动汽车上的电机管理模块主要有两种类型：一种是仅用于控制驱动电机的，即 MCU；另一种是具有重复集成控制功能的电机管理模块，即具有 MCU 与 DC-DC 转换器功能的电机管理模块，这类电机管理模块也被称为 PCU，如图 4-2-2 所示。

图 4-2-2　PCU

DC-DC 直流转换器是直流-直流的电压变换器，用于将动力电池或逆变器产生的电能转换成 12V 的低压电能，用于给 12V 蓄电池充电和车身电器设备供电。

将 MCU 与 DC-DC 转换器集成化是目前纯电动汽车与混合动力汽车电机管理模块发展的一个趋势，集成度更高的系统既节省了成本，也利于系统之间信息的共享与车辆部件位置的布置设计，如图 4-2-3 所示。

图 4-2-3　北汽 E150EV 前舱部件位置

### 4.2.2　电机控制器的工作过程

电机控制器通过加速踏板（相当于燃油汽车的油门）、刹车踏板和 P 挡、D 挡、R 挡、N 挡（停车、前进、倒车、空挡）控制手柄的输出信号，控制牵引电机的旋转，通过减速器、传动轴、差速器、半轴等机械传动装置（当电动汽车使用电动轮式机械传动装置时有所不同）

带动驱动轮。

车辆减速时，电机对车辆前进起制动作用，这时电机处在发电机运行状态，给储能动力电池充电，称之为再生制动。动力驱动系统的再生制动功能是非常重要的，它能使电动汽车一次充电后行驶的里程增加 15%～25%。

电机控制器的主要功能如下：

1）控制电机正向驱动、反向驱动、正转发电、反转发电。

2）控制电机的动力输出，同时对电机进行保护。

3）通过 CAN 与其他控制模块通信，接收并发送相关信号，间接控制车上相关系统正常运行。

4）制动能量回馈控制。

5）自身内部故障的检测和处理。

### 4.2.3 电机控制器的组成

以吉利帝豪 EV450 纯电动汽车为例，电机控制器内部包含 1 个 DC-AC 逆变器和 1 个 DC-DC 直流转换器，逆变器由 IGBT、直流母线电容、驱动和控制电路板等组成，实现直流（可变的电压、电流）与交流（可变的电压、电流、频率）之间的转变。直流转换器由高低压功率器件、变压器、电感、驱动和控制电路板等组成，实现直流高压向直流低压的能量传递。电机控制器还包含冷却器（通过冷却液），用于给电子功率器件散热。

电机控制器安装在前舱内，采用 CAN 通信控制，控制着动力电池组到电机之间能量的传输，同时采集电机位置信号和三相电流检测信号，精确地控制电机运行。

DC-DC 直流转换器集成在电机控制器内部，其功能是将电池的高压电转换成低压电，提供整车低压系统供电，如图 4-2-4 所示为电机控制器工作示意图。

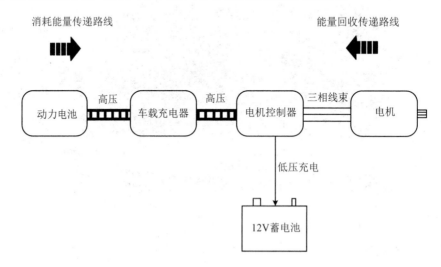

图 4-2-4　电机控制器工作示意图

## 4.2.4　电机控制器的结构

电机控制器的结构如图 4-2-5 所示。

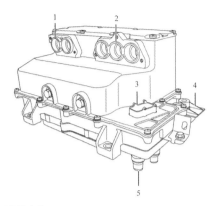

1—高压线束接口；2—驱动电机三相线束接口；3—低压信号接口；4—低压充电（DC-DC）接口；5—冷却管接口。

图 4-2-5　电机控制器的结构

## 【任务实施】

设备准备：吉利电动汽车一辆、高压防护设备、常用绝缘工具、万用表、绝缘测试仪。
考核时间：共 4 学时，每 4 位同学一组，每组作业 30min。
人员安排：2 人操作。

| 操作步骤 | 操作图示 |
| --- | --- |
| 作业一　前期准备 | |
| 1. 人员安全防护<br>提示：参考任务 2.1 的任务实施步骤进行操作 | |
| 2. 设备安全防护<br>提示：参考任务 2.1 的任务实施步骤进行操作 | |

| 操作步骤 | 操作图示 |
|---|---|
| 作业二　电机控制系统的维护与保养 | |
| 3. 向上推动直流母线插头卡扣保险、拆卸直流母线连接充电器端插件 | 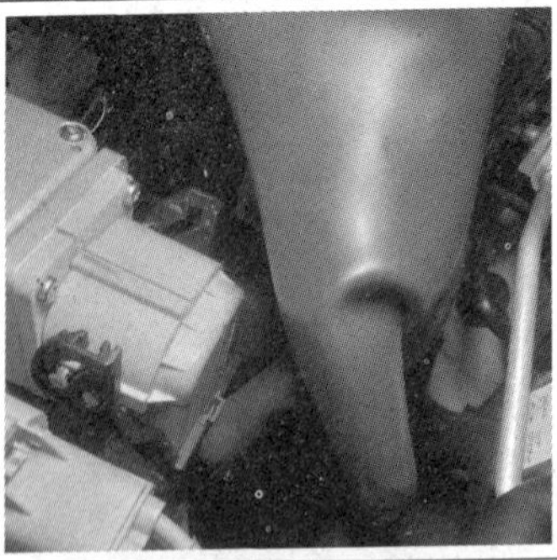 |
| 4. 等待 15min 后，戴绝缘手套用万用表测量直流母线端正、负极电压是否低于 1V |  |
| 5. 断开低压线束插头 | 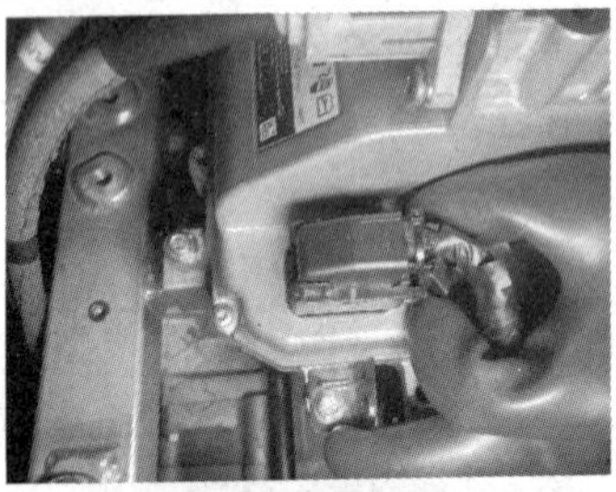 |
| 6. 拆卸电机控制器上盖的 8 个螺栓，取下电机控制器上盖<br><br>电机控制器高压线束端子（电机控制器侧）电压测试 |  |
| 7. 用万用表检查直流正、负极电压是否小于1V；若大于 1V 则重新检查直流母线连接充电机端插件是否拆卸 |  |

续表

| 操作步骤 | 操作图示 |
|---|---|
| 作业二　电机控制系统的维护与保养 | |
| 8. 拆卸电机三相线束连接器（电机控制器侧）的 3 个固定螺栓 | 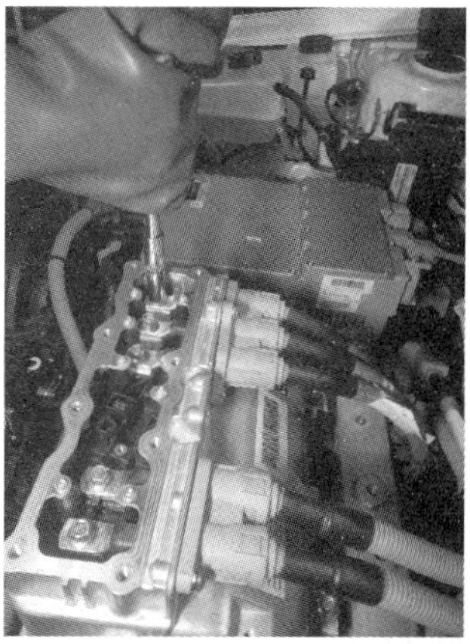 |
| 9. 拆卸电机三相线束端子（电机控制器侧）的 3 个固定螺栓，脱开三相线束 | 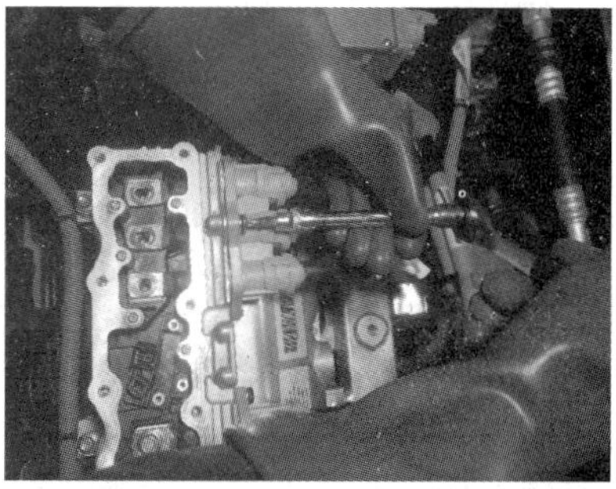 |
| 10. 拆卸电机控制器高压线线束连接器（电机控制器侧）的 2 个固定螺栓 | 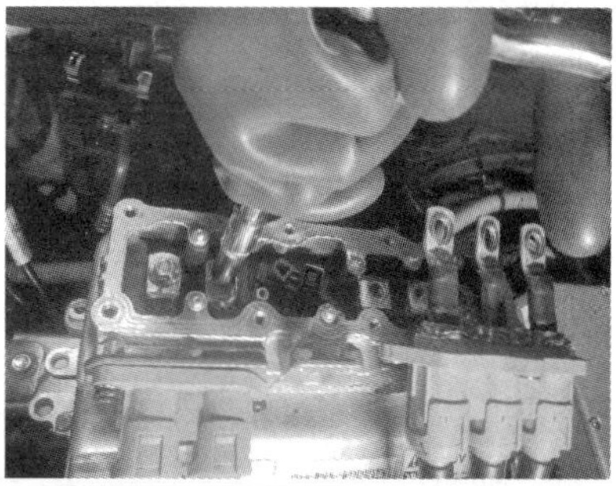 |
| 11. 拆卸电机控制器高压线线束端子（电机控制器侧）的 2 个固定螺栓，脱开线束 | 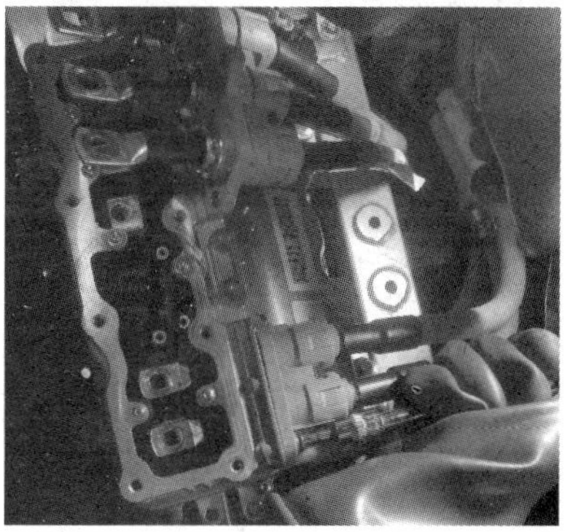 |

续表

| 操作步骤 | 操作图示 |
|---|---|
| 作业二　电机控制系统的维护与保养 | |

| 操作步骤 | 操作图示 |
|---|---|
| 12. 取下电机控制器搭铁防尘盖 |  |
| 13. 拆卸电机控制器的两根搭铁线束固定螺母，脱开搭铁线束 | 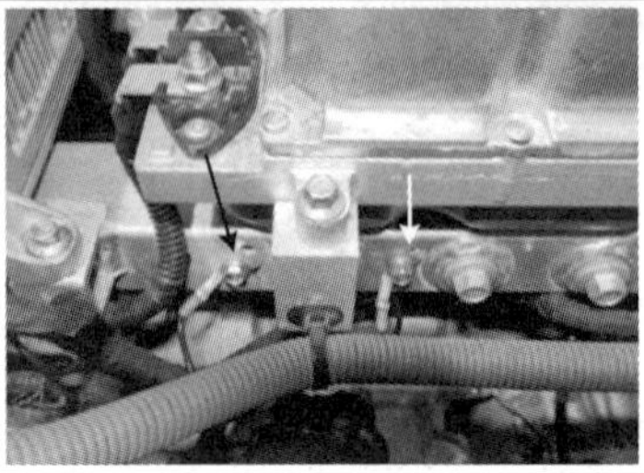 |

| 14. 测量高压线束的绝缘性<br>注意：应将高压绝缘检测仪的挡位调至1000V | 测量位置 A | 测量位置 B | 测量标准值 |
|---|---|---|---|
| | BV18-1 | 电机壳体 | |
| | BV18-2 | 电机壳体 | ≥20MΩ |
| | BV18-3 | 电机壳体 | |

| 15. 测量电机线束的绕组电阻 | 测量位置 A | 测量位置 B | 测量标准值 |
|---|---|---|---|
| | BV18-1 | 电机壳体 | |
| | BV18-2 | 电机壳体 | ≥20MΩ |
| | BV18-3 | 电机壳体 | |

| 操作步骤 | 操作图示 |
|---|---|
| 16. 连接电机控制器的线束插头 |  |
| 17. 连接两根搭铁线，紧固螺母，盖上防尘盖<br>力矩：23N·m |  |

| 操作步骤 | 操作图示 |
|---|---|
| 作业二　电机控制系统的维护与保养 ||
| 18. 连接三相线束,预紧驱动电机三相线束连接器(电机控制器侧)的 3 个固定螺栓<br>力矩:7N・m |  |
| 19. 紧固驱动电机三相线束连接器(电机控制器侧)的 3 个固定螺栓<br>力矩:23N・m |  |
| 20. 连接线束,预紧分线盒电机控制器高压线线束连接器(电机控制器侧)的 2 个固定螺栓<br>力矩:7N・m | 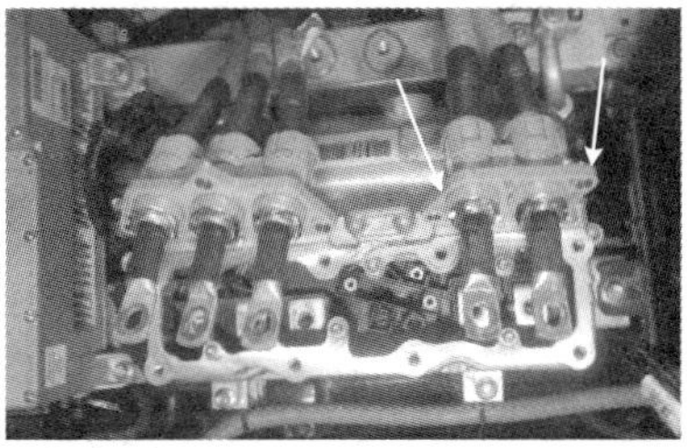 |
| 21. 紧固分线盒电机控制器高压线束连接器(电机控制器侧)的 2 个固定螺栓<br>力矩:23N・m |  |
| 22. 放置电机控制器端盖,紧固电机控制器端盖的 8 个螺栓<br>力矩:8N・m<br>注意:电机控制器端盖合盖时采取对角法则拧紧螺栓 | 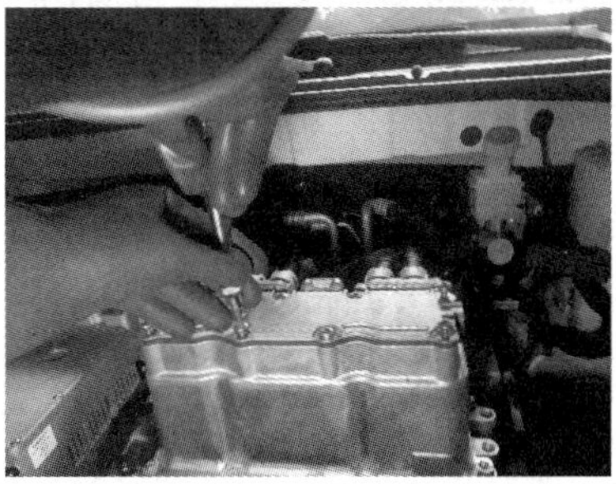 |

续表

| 操作步骤 | 操作图示 |
|---|---|
| 作业二　电机控制系统的维护与保养 | |
| 23. 检查安装是否完好 | 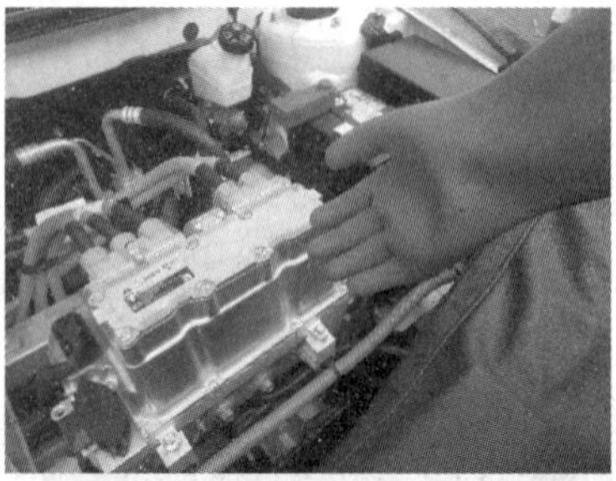 |
| 24. 连接直流高压母线 | 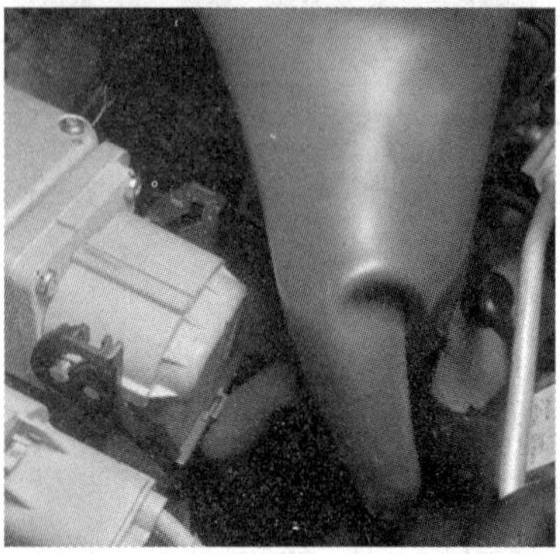 |
| 作业三　竣工验收及 7S 整理 | |
| 25. 下降举升机，放下车辆；整理 |  |

# 任务 4.3　减速器油的检查与更换

## 【客户委托】

　　出租车师傅老张的纯电动汽车保养过几次后，再去保养的时候，4S 店建议要更换减速器油。张师傅疑惑，不是说电动汽车没有变速箱吗，又怎么会有减速器润滑油（俗称减速器油）呢？在电动汽车中，减速器是什么呢？为什么要给减速器更换减速器油？

减速器油的
检查与更换

【目标概述】

知识目标:
➤ 了解纯电动汽车减速器的作用。
➤ 了解电动汽车的减速器为什么要保养。
➤ 了解如何为纯电动汽车的减速器更换减速器油。

技能目标:
➤ 能查阅纯电动汽车技术资料。
➤ 能够掌握减速器油的基本检查方法。
➤ 能够掌握减速器油的更换方法。

【知识链接】

电机自身的工作特性可令其实现正反转,实现汽车的前进与后退。目前,电动汽车大多采用固定速比的变速箱——减速器,而未采用传统意义上的变速器。

## 4.3.1 减速器的作用及结构

### 1. 减速器的作用

由于电机起步时就会达到最大转矩,而且转速高,不利于电动汽车的行驶,电机可以通过电路控制正反转实现前进与倒挡,所以纯电动汽车省去了传统燃油车当中的倒挡。目前纯电动汽车一般使用单级变速器,并集成主减速器、差速器等组件,采用电机无级调速控制。因此,现在的大部分纯电动汽车无须使用传统燃油汽车的多级变速器,纯电动汽车的减速器采用电动轮驱动时,可以省去传统内燃机汽车传动系统的差速器。

电机的速度-转矩特性非常适合汽车驱动的需求。纯电动模式下,汽车的驱动系统不再需要多挡位的变速器,驱动系统结构得以大幅简化。

减速器的放量位置介于电机和驱动半轴之间。电机的动力输出轴通过花键直接与减速器输入轴齿轮连接,如图 4-3-1 所示。一方面,减速器将电机的动力传给驱动半轴,起到降低转速增大扭矩的作用;另一方面,减速器满足汽车在转弯及在不平路面上行驶时,左右驱动轮以不同的转速旋转,保证车辆的平稳运行。

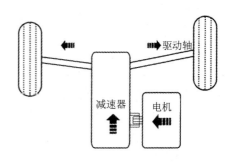

图 4-3-1 动力传递路线

### 2. 减速器的结构

以吉利帝豪 EV450 纯电动汽车为例,其采用电机-驱动桥组合式驱动前置布置形式,结构如图 4-3-2 所示。

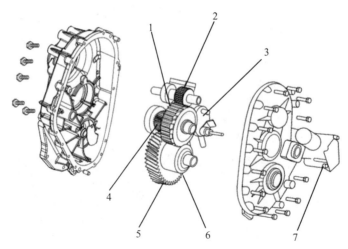

1—中间轴输入齿轮；2—输入轴齿轮；3—驻车棘爪；4—中间轴输出齿轮；

5—输出轴齿轮；6—差速器；7—驻车电机。

图 4-3-2　减速器结构图

### 4.3.2　减速器参数及润滑油的作用

吉利帝豪 EV450 的减速器参数如表 4-3-1 所示。

表 4-3-1　吉利帝豪 EV450 减速器参数

| 项目 | 参数 | 单位 |
|---|---|---|
| 扭矩容量 | 300 | N·m |
| 转速范围 | ≤14000 | r/min |
| 减速器速比 | 8.28∶1 | |
| 减速器油牌号 | Dexron IV | |
| 减速器油量 | 1.7±0.1 | L |
| 润滑方式 | 飞溅润滑 | |
| 减速器最高输出扭矩 | 2500 | N·m |
| 效率 | ＞95% | |

　　减速器是高速运转部件，工作的时候需要使用润滑油浸泡来达到降温润滑的作用，所以，当汽车行驶达到了一定的公里数或者时长，就需要更换变速箱中的润滑油。润滑油液位由加注螺塞、放油螺塞和通气器的安装位置决定。减速器润滑油太多了会造成减速器内散热不好而导致温度升高加剧齿轮的磨损，也会造成耗能大；减速器润滑油如果加的太少，会造成润滑不足，同样也会导致齿轮的磨损。所以要限定减速器润滑油油面的最高位置和最低位置。

**【知识拓展】**

　　手动变速器（manual transmission，MT）也叫手动挡，即必须用手拨动变速杆（俗称"挡把"）才能改变变速器内的齿轮啮合位置，改变传动比，从而达到变速的目的，如图 4-3-3

所示。手动变速在操纵时必须踩下离合，方可拨得动变速杆。

汽车自动变速器（auto transmission，AT）常见的有 4 种形式，分别是液力自动变速器（AT）、机械无级自动变速器（CVT）、电控机械自动变速器（AMT）和双离合器变速器（DSG），其中应用最广泛的是 AT，AT 几乎成为自动变速器的代名词。

AT 由液力变扭器、行星齿轮和液压操纵系统组成，通过液力传递和齿轮组合的方式来实现变速变矩，如图 4-3-4 所示。其中液力变扭器是最重要的部件，它由泵轮、涡轮和导轮等构件组成，兼有传递扭矩和离合的作用。

图 4-3-3　手动变速器

图 4-3-4　自动变速器

与 AT 相比，CVT 省去了复杂而又笨重的齿轮组合变速传动，采用两组带轮进行变速传动，通过改变驱动轮与从动轮传动带的接触半径进行变速，如图 4-3-5 所示。由于取消了齿轮传动，其传动比可以随意变化，变速更加平顺，没有换挡的突跳感。

AMT 和 AT 一样是有级自动变速器，如图 4-3-6 所示。它在普通手动变速器的基础上，通过加装微电脑控制的电动装置，取代原来由人工操作完成的离合器的分离、接合及变速器的选挡、换挡动作，实现自动换挡。

图 4-3-5　CVT

图 4-3-6　AMT

DSG 与传统自动变速器有着明显的区别，它从一开始就没有采用液压式扭矩变换器，如图 4-3-7 所示。这款变速器不是在传统概念的自动变速器基础上生产出来的，设计 DSG 的工程师们走了一条具有革命性的全新技术路线，巧妙地把手动变速器的灵活性和传统自动变速器的方便性结合在了一起。

图 4-3-7　DSG

## 【任务实施】

设备准备：吉利电动汽车一辆、高压防护设备、常用绝缘工具、接油机、变速器油加注机、举升机。

考核时间：共 4 学时，每 4 位同学一组，每组作业 30min。

人员安排：2 人操作。

| 操作步骤 | 操作图示 |
|---|---|
| 作业一　前期准备 | |
| 1. 人员安全防护<br>**提示**：参考任务 2.1 的任务实施步骤进行操作 | |
| 2. 设备安全防护<br>**提示**：参考任务 2.1 的任务实施步骤进行操作 | |

| 操作步骤 | 操作图示 |
|---|---|
| 作业二　举升车辆、更换减速器油 ||
| 3. 举升车辆<br>提示：操作时佩戴好护目镜、安全帽 |  |
| 4. 检查减速器是否有变形、磕碰、漏油等情况 |  |
| 5. 检查电机与减速器连接是否牢固 | 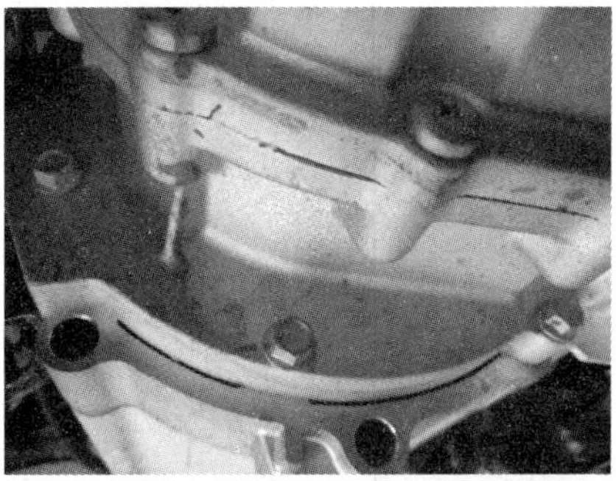 |
| 6　拧松减速器油加油螺栓 |  |

续表

| 操作步骤 | 操作图示 |
|---|---|
| 作业二　举升车辆、更换减速器油 | |
| 7. 安装接油机，扭松减速器油放油螺栓，排净减速器油 |   |
| 8. 检查放油螺栓和加油螺栓是否损坏、密封圈是否完好 |  |
| 9. 紧固放油螺栓至规定扭矩 23N·m |  |
| 10. 安装并检查加注机，连接加注机油管至减速器加注口 | 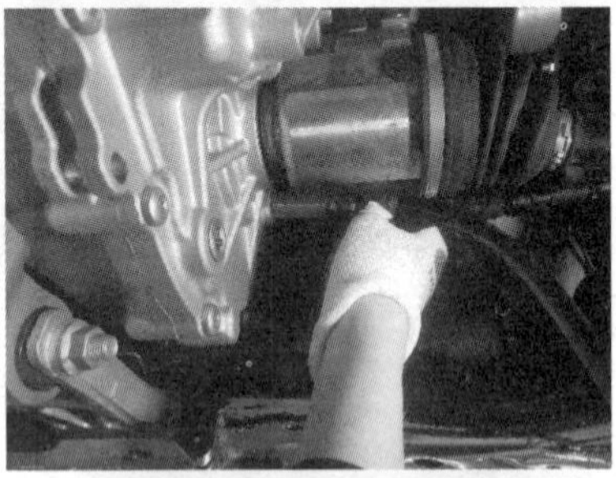 |
| 11. 加注减速器油 1.7L |  |

续表

| 操作步骤 | 操作图示 |
|---|---|
| 作业二　举升车辆、更换减速器油 | |
| 12. 拆除加注机油管 | 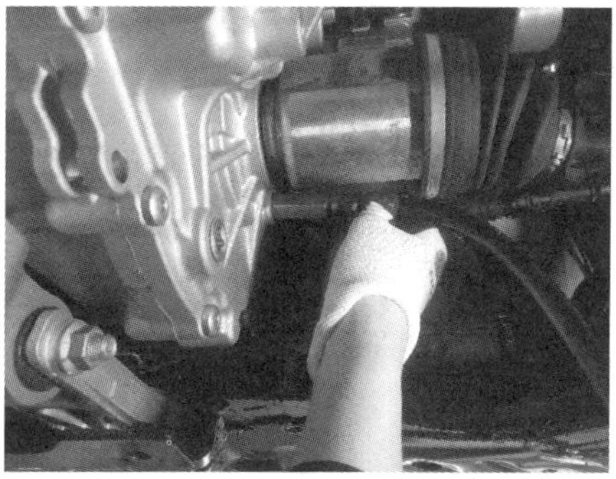 |
| 13. 安装减速器加注螺栓至规定扭矩 23N·m |  |
| 14. 静置车辆 15min，检查加注油口与放油口是否有渗漏 |  |
| 作业三　7S 整理 | |
| 15. 下降举升机，放下车辆；整理 |  |

# 项目 5 空调系统的维护与保养

## 任务 5.1 空调系统的基本检查

**【客户委托】**

客户小陈新买了一辆吉利纯电动汽车。现在正是夏天，需要打开车载空调，使汽车内部有适合驾驶员的温度，但对于新手小陈来说，怎样维护与保养空调是个问题，请同学们帮忙解决小陈遇到的问题。

空调系统的
基本检查

**【目标概述】**

知识目标：
➢ 掌握纯电动汽车空调系统的组成。
➢ 掌握纯电动汽车空调制冷系统的组成。
➢ 掌握纯电动汽车空调制热系统的组成。
➢ 了解纯电动汽车空调制冷、制热系统的简要工作原理。

技能目标：
➢ 能熟练地说出空调面板上的图标意义。
➢ 能熟练地操作空调制冷。
➢ 能熟练地操作空调制热。
➢ 能对汽车空调进行基本的维护与保养。

**【知识链接】**

传统燃油汽车是通过皮带轮带动压缩机来完成空调工作的，而纯电动汽车空调系统的制冷工作主要由高压电驱动压缩机来进行。纯电动汽车的制热工作也是由高压电对 PTC 加热来进行的，这会消耗一部分电池能量，而传统燃油汽车是利用发动机热量加热冷却液来进行供热的。

### 5.1.1 概述

汽车空调是汽车内部空气调节器的简称，能使汽车适应气候环境的变化，调节车厢内空气的温度、湿度、流速、清洁度，同时防止风窗玻璃上结雾、结霜或结冰，在特殊气候条件下最大限度地保证车内人员的舒适、安全和视野。

### 5.1.2　电动汽车空调系统的基本组成

汽车空调系统主要包括制冷系统、暖风系统、通风系统、空气净化系统 4 个基本部分，驾驶员可对驾驶室内的空气进行调节。

1）制冷系统：采用 R-134a 环保制冷剂回路，可对驾驶室内的空气进行制冷和除湿。

2）暖风系统：采用冷却液或电加热为热源，对驾驶室内的空气进行加热，在寒冬季节为风窗玻璃和车门玻璃除霜，阴雨天气为风窗玻璃除雾。

3）通风系统：由进风口、鼓风机、风门、风道空气滤清器、出风口、出风栅格共同构成，执行对驾驶室内的空气进行净化和内循环或外循环模式的强制通风功能。

4）空气净化系统：空气的清洁和净化是乘客重要的需求，因此汽车空调必须保证通风过程送入的新鲜空气是健康的，这也就要求汽车空调能够对输入的空气进行净化。空气净化系统在通风系统的基础上对空气进行净化。

### 5.1.3　电动汽车空调制冷系统的结构及工作原理

#### 1. 电动汽车空调制冷系统的基本结构

空调制冷系统主要由压缩机、冷凝器、干燥器、压力传感器、膨胀阀、蒸发器和散热风扇等部件组成，如图 5-1-1 所示。

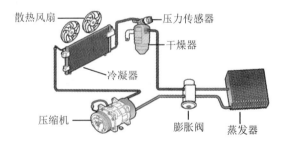

图 5-1-1　空调制冷系统的组成

#### 2. 电动汽车空调制冷的工作原理

压缩机受高压电驱动。当压缩机工作时，压缩机吸入从蒸发器出来的低温低压的气态制冷剂，经压缩，制冷剂的温度和压力升高，并被送入冷凝器。在冷凝器内，高温高压的气态制冷剂把热量传递给经过冷凝器的车外空气而液化，变成液体。液体制冷剂经过膨胀阀时，温度和压力降低，并进入蒸发器。在蒸发器内，低温低压的液态制冷剂吸收经过蒸发器的车内空气的热量而蒸发，变成气体。气体又被压缩机吸入进行下一轮循环。这样，通过制冷剂在系统内的循环，不断吸收车内空气的热量并排到车外空气中，使车内空气的温度逐渐下降。具体工作原理如图 5-1-2 所示。

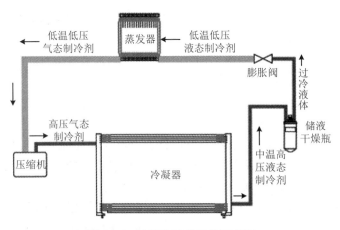

图 5-1-2　空调制冷的工作原理图

### 3. 电动汽车空调制冷系统部件功能

1）压缩机：电动汽车压缩机类型为电动涡旋式，压缩机控制器与压缩机集成为一体，通过电机自身的旋转带动涡旋盘压缩，完成制冷剂的吸入和排出，为制冷循环提供动力，将从蒸发器过来的因吸热而蒸发为低温低压的气态制冷剂压缩为高温高压的气态制冷剂装入冷凝器中。

2）冷凝器：冷凝器的作用是充当一个热交换器，将制冷剂所含的热量散发出去。过热的制冷剂蒸汽从冷凝器顶部进入，冷却的液体从冷凝器底部流出。在压缩机的作用下，制冷剂的压力和温度已经升高，需要降低制冷剂的温度，以便将其变回到液态，从而在以后继续作为系统内的冷却介质。

3）膨胀阀：膨胀阀为空调冷气系统的主要部件之一，它接收由储液器送来的高压液态制冷剂，经由膨胀阀内部狭窄的孔道后变成低压液态制冷剂，并使制冷剂进入蒸发器中，其作用为随着蒸发器热负荷的大小而自动调整进入蒸发器的制冷量，使蒸发器发挥最大冷却效率，并在冷气系统正常运转时保持车厢内达到一定的冷度，在压缩机停止运转时关闭阀门，避免制冷剂发生倒流现象。

4）蒸发器：蒸发器的结构与冷凝器非常相似，其功能就是提供足够大的表面积，以便让车厢内部的空气流过蒸发器表面，将热量传递给内部制冷剂，经过蒸发器降温后的空气继续吹到车厢内部，实现降温效果。

### 5.1.4　电动汽车空调制热系统的结构及工作原理

#### 1. 电动汽车空调制热系统的基本结构

电动汽车空调制热系统由鼓风机、电加热器（PTC）、电加热器水泵和电加热器芯体等组成。

（1）鼓风机

鼓风机由永磁型马达和鼠笼式风扇组成。鼓风机在不同转速下运转，转速的变化取决于鼓风机的调速模块。如用户选择最大空调模式，绝大部分进入鼓风机的空气来自乘客舱（内循环）。

（2）电加热器

电加热器由电阻膜和散热元件组成，在一定电压范围内，加热的功率随电流变化而变化，电阻膜的电阻受温度变化的影响较小，因此电加热器可输出稳定的功率，从而为制热系统提供稳定的热源。

（3）电加热器水泵

电加热器水泵为电动水泵，由低压电路驱动，为冷却液的循环提供压力。

（4）电加热器芯体

电加热器芯体是制热系统的主要部件，位于空调主机内，每当电加热器开始工作时，电加热器水泵将高温的冷却液抽入电加热器芯体，电加热器芯体将来自冷却液的热量传输给流经电加热器芯体的空气。电加热器芯体有特有的进口和出口暖风水管，拆卸时，电加热器芯体的暖风水管路必须完全泄放。维修时，配备独立暖风水管的电加热器芯体必须是已经安装好的。电加热器芯体上装有温度传感器，此传感器将加热器芯体的表面温度信号传递给空调控制模块，为自动空调控制提供更多的补偿参数。

2. 电动汽车空调制热的工作原理

电动汽车空调制热的工作原理如图 5-1-3 所示。当自动空调处于加热模式时，电加热器在高压电的作用下对冷却液进行加热，高温冷却液被电加热器水泵抽入电加热器芯体。同时，冷暖温度控制电机旋转至采暖位置，气流在鼓风机的作用下流过电加热器芯体，产生热量传递。外部空气在进入乘客舱前，与加热后的空气混合，吹出舒适的暖风。蒸发芯体在制冷时作用，制热时不作用。

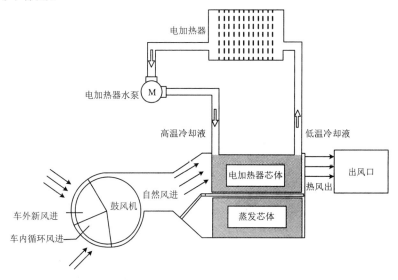

图 5-1-3　空调制热的工作原理

### 5.1.5 电动汽车空调通风系统的结构及工作原理

1. 电动汽车空调通风系统的基本结构

汽车空调通风系统由进风口、鼓风机、风门、风道空气滤清器、出风口和出风栅格共同构成。

2. 电动汽车空调通风系统工作原理

电动汽车空调通风系统上的挡位变化可使模式阀门通过风道混合，或引入冷风、热风和外部空气通过空调系统，气流由风道系统和出风口将空气输送到乘客室，如图 5-1-4 所示。

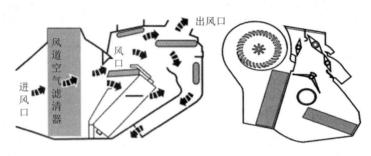

图 5-1-4　通风控制系统工作原理图

AUTO（自动）模式会自动选择相应的模式状态，使用 MODE（模式）按钮可改变车辆的送风模式。如果当前显示一个送风模式，则按下 MODE（模式）按钮可选择下一个送风模式。

### 5.1.6 空调系统元件布置总图

空调系统元件布置总图如图 5-1-5 所示。

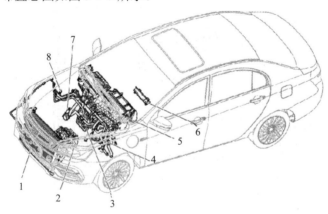

1—冷凝器；2—空调压缩机；3—电加热器；4—热交换器；5—空调箱总成；

6—空调控制面板；7—电加热器水泵；8—空调压力开关（压力传感器）。

图 5-1-5　空调系统元件布置总图

## 【任务实施】

实训资源准备：一辆新能源汽车、安全帽、橡胶手套、护目镜、空调滤清器、十字螺钉旋具。

考核时间：共 4 学时，每 4 位同学一组，每组作业 30min。

人员安排：2 人操作。

| 操作步骤 | 操作图示 |
| --- | --- |
| 作业一　前期准备 | |
| 1. 人员安全防护<br>**提示**：参考任务 2.1 的任务实施步骤进行操作 | |
| 2. 设备安全防护<br>**提示**：参考任务 2.1 的操作步骤进行操作 | |
| 作业二　汽车空调面板介绍 | |
| 3. 汽车空调控制面板总成位置图<br>**提示**：<br>1）本实训车为自动空调，安装位置为中控仪表台中间位置。<br>2）检查面板总成是否完好 |  |
| 4. 汽车空调控制面板总成<br><br>**提示**：对右图按键说明如下。<br>①A/C 按键；②风量调节旋钮；③OFF 按键；④风向调节按键；⑤前风窗除霜雾按键；⑥温度调节旋钮；⑦加热按键；⑧后风窗/外后视镜除霜按键；⑨内外循环按键；⑩空气净化器按键；⑪显示器；⑫AUTO 按键；⑬驾驶员座椅加热按键；⑭前排乘员侧座椅加热按键 | 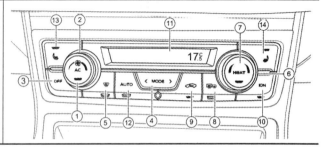 |

| 操作步骤 | 操作图示 |
| --- | --- |
| **作业三　检查空调部件** | |
| 5. 检查冷凝器和储液干燥器<br>提示：<br>1）检查外观是否破损。<br>2）检查高压接头是否破损<br><br>纯电动汽车空调系统的维护与保养 |  |
| 6. 检查压缩机<br>提示：<br>1）检查外观是否完好。<br>2）检查高低压管接头是否破损。<br>3）检查高低压 | 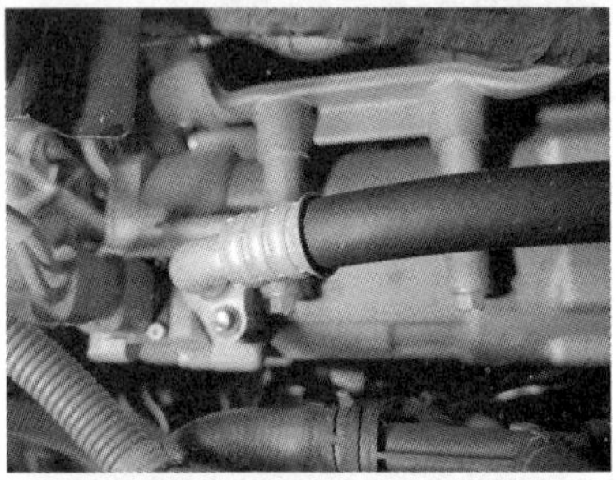 |
| 7. 检查高低压管路<br>提示：<br>1）检查高低压接头是否破损。<br>2）检查高低压管路是否破损 | 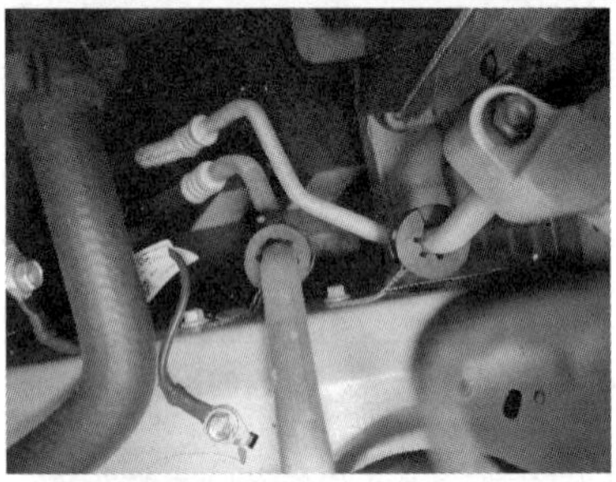 |
| 8. 检查加热器（PTC）<br>提示：<br>1）检查外观是否完好。<br>2）检查高低压线束是否正常。<br>3）检查冷却液进出口是否漏液 |  |
| 9. 检查空调压力开关<br>提示：<br>1）检查外观是否完好。<br>2）检查低压线束连接是否正常 |  |

| 操作步骤 | 操作图示 |
| --- | --- |
| 作业四　汽车空调效果感知 | |
| 10. 启动车辆<br>提示：<br>1）启动车辆前应踩下刹车，系好安全带。<br>2）启动汽车，显示屏显示 ready<br><br>空调系统的<br>基本检查 |  |
| 11. 测试汽车空调制冷<br>提示：打开鼓风机，按下 A/C 键 |  |
| 12. 测试汽车空调制热<br>提示：<br>1）打开鼓风机。<br>2）打开制热模式 |  |
| 13. 测试汽车空调通风<br>提示：打开鼓风机开关 |  |

续表

| 操作步骤 | 操作图示 |
|---|---|
| 作业五　更换空调滤清器 | |
| 14. 打开副驾驶储物箱 | |
| 15. 脱开储物箱的缓冲装置<br>**提示：**用工具拉出卡扣 | |
| 16. 拆下储物箱 | |
| 17. 拆下滤清器防护盖子<br>**提示：**用十字螺钉旋具卸下三颗螺丝 | |

| 操作步骤 | 操作图示 |
|---|---|
| 作业五　更换空调滤清器 | |
| 18. 打开空调滤清器盖子 | 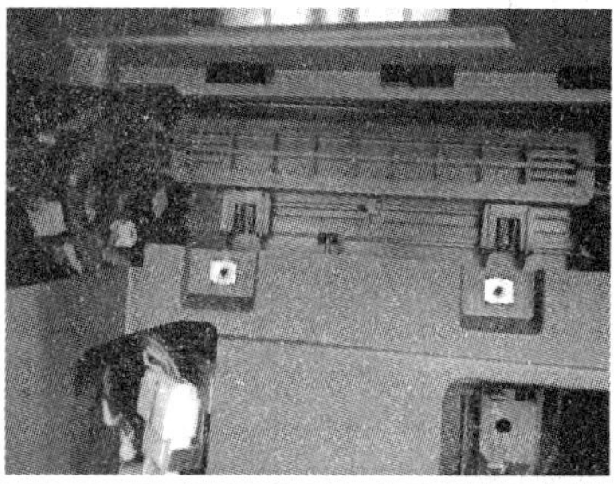 |
| 19. 取出空调滤清器<br>**提示**：水平方向抽出空调滤芯，避免滤芯上的灰尘掉落在汽车座位上 |  |
| 20. 安装新的空调滤芯<br>**提示**：<br>1）检查新的空调滤芯是否洁净、完好无破损。<br>2）安装过程中要注意空调空气格的安装方向，不要装反 |  |
| 21. 安装空调滤清器盖子 |  |
| 22. 安装空调滤清器防护盖<br>**提示**：用十字螺钉旋具拧紧三颗螺丝 |  |

续表

| 操作步骤 | 操作图示 |
|---|---|
| 作业五　更换空调滤清器 | |
| 23. 安装储物箱 |  |
| 作业六　7S 整理 | |
| 24. 整理、整顿工位<br>提示：<br>1）将车辆停入正确的位置。<br>2）将工具放回指定的位置 |  |

# 任务 5.2　空调制冷剂的加注与回收

## 【客户委托】

夏天到了，小陈打开吉利新能源汽车的空调时，发现制冷效果不佳，经去 4S 店检查后，发现是因为空调制冷系统制冷剂量不足，需要补充。请同学们帮助加注制冷剂。

空调制冷剂的加注与回收

## 【目标概述】

知识目标：

➢ 了解汽车制冷剂。

➢ 根据制冷剂的鉴定数据分析，掌握判定制冷剂性能的方法。

技能目标：

➢ 学会使用制冷剂鉴别仪。

➢ 掌握制冷剂回收与加注的工艺规范和操作方法。

## 【知识链接】

随着国家对环境保护越来越重视，新能源汽车对于空调制冷剂的要求越来越高。环保型制冷剂是一种不可燃、高效节能、绿色环保的制冷剂。环保型制冷剂在常温下为无色气体，在自身压力下为无色透明液体。它是 R12、R22 制冷剂的最佳替代品。

## 5.2.1 制冷剂

制冷剂是制冷系统完成制冷循环的工作介质，习惯上又把它称为冷媒。制冷剂在蒸发器内被汽化并吸收热量而制冷，又在高温下把热量传递给周围空气，重新成为液态制冷剂，如此不断循环。目前市场上制冷剂的类型有 R134A、R12、R22、HC 等，当前电动车使用的制冷剂大多为 R134A，如图 5-2-1 所示。该种制冷剂不含氯离子，对大气臭氧层破坏小，但对温室效应影响大。

图 5-2-1　R134A 制冷剂

## 5.2.2 对空调制冷剂进行纯度检测和类型鉴别目的及方法

对空调制冷剂进行纯度检测和类型鉴别的主要目的如下。

1）如果制冷剂中混合有杂质，制冷剂不纯，将会使空调系统制冷不正常，影响空调制冷效果。

2）对于带有制冷剂回收功能的空调检测维修设备，如果回收的制冷剂纯度达不到所要求的标准，也将会污染制冷剂储存罐中纯净的制冷剂，造成再次添加的制冷剂纯度不合格。

3）被污染的制冷剂将会损坏空调系统，也会对制冷剂回收加注装置设备造成极大的损坏，增加这些设备的维修成本，因此在使用制冷剂回收加注设备之前，用制冷剂鉴别仪提前检测制冷剂纯度，可避免损坏制冷剂回收加注设备。

4）制冷剂鉴别仪利用一种红外比较和化学燃料电池技术来判断 R12 和 R134A 的纯度和污染水平以及空气的含量。

## 5.2.3 制冷剂回收的目的

汽车使用的制冷剂尤其是 R12 是一种不易分解、稳定性很强的物质，其整个寿命期的能量消耗对臭氧层产生很大的影响。臭氧层损耗造成的强紫外线照射会导致以下严重危害：

1）损伤眼角膜和晶状体，引起白内障等疾病的发生。

2）诱发皮肤癌与皮肤疾病并且使人体免疫能力降低。

3）过量的紫外线辐射会使植物的生长和光合作用受到抑制，使农作物减产。

4）人工合成材料加速老化，致使整个社会的经济成本增加。

## 5.2.4 制冷剂检漏方法

制冷剂检漏方法主要有以下两种。

1. 荧光检漏

在空调管路内打入一定量的荧光增白剂。荧光增白剂是一种荧光染料，也是一种复杂的有机化合物，其特性是能激发射入光线产生荧光，使所染物质获得类似荧石的闪闪发光的效应，使肉眼在荧光镜的辅助下看到的物质很白，方便空调泄漏部位的检测。

### 2. 电子检漏

电子检漏方法是基于空气压差法的原理而开发的，基准物与被测工件两侧同时充入相同压力的空气，达到平衡，如果被测工件泄漏，平衡就被打破，这时差压传感器将信息经转换后显示出来。它能够在很短时间内测出工件的微小泄漏，用户可按照需要设定各项检验参数及判别标准。

### 【任务实施】

实训资源准备：一辆新能源汽车、一台 AC350、一台制冷剂鉴别仪、护目镜、清洁布、橡胶手套、电子检漏仪。

考核时间：共 4 学时，每 4 位同学一组，每组作业 30min。

人员安排：2 人操作。

| 操作步骤 | 操作图示 |
|---|---|
| 作业一　前期准备 | |
| 1. 人员安全防护<br>**提示：** 参考任务 2.1 的任务实施步骤进行操作 | 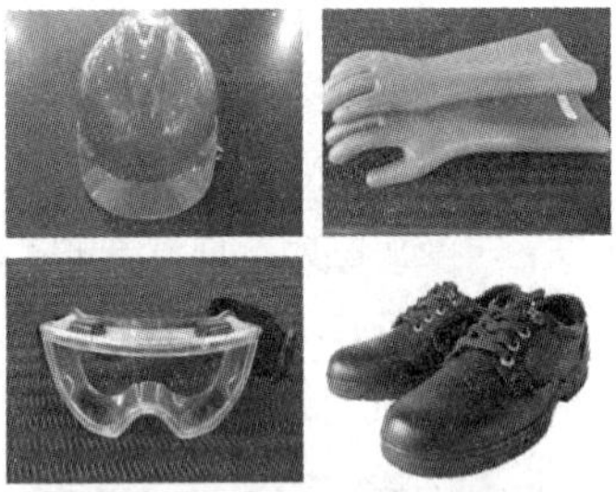 |
| 2. 设备安全防护<br>**提示：** 参考任务 2.1 的任务实施操作步骤进行操作 |  |
| 作业二　鉴别制冷剂（是否符合回收标准） | |
| 3. 对本车管路内现有制冷剂进行鉴别<br>**提示：** 如果检测的纯度大于 98%，并为单一的制冷剂 R134A，就判定为合格的制冷剂，无须净化即可回收；否则就不能直接回收，另做环保处理 | 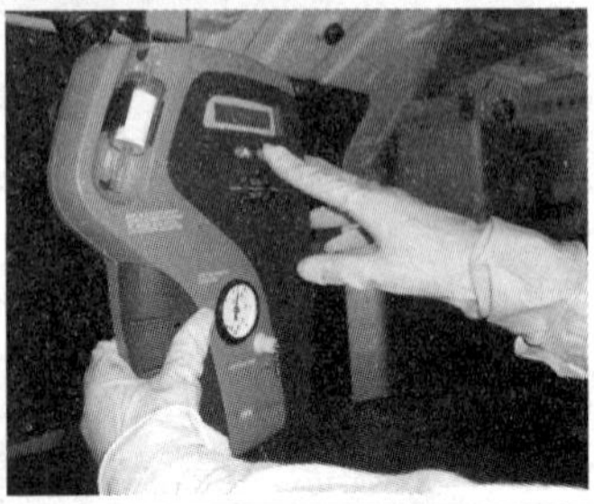 |

| 操作步骤 | 操作图示 |
| --- | --- |
| 作业三　AC350 仪器的检查与空调管路的连接 | |
| 4. AC350 的面板检查<br>提示：<br>1）检查仪器面板上仪表、显示屏、按键是否正常。<br>2）检查面板上高、低压阀门是否处于关闭位置<br><br>空调制冷剂的<br>加注与回收 |  |
| 5. 检查高、低压软管<br>提示：<br>1）检查高、低压软管是否正常。<br>2）快速接头是否处于关闭位置 | 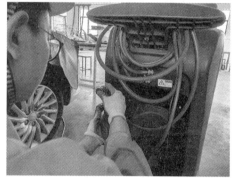 |
| 6. 检查注油瓶内的冷冻油是否清洁、充足<br>提示：注油瓶中应有足够的冷冻油 |  |
| 7. 检查排油瓶内的冷冻油是否过满<br>提示：若排油瓶中的冷冻油超过 3/4，对排油瓶中的冷冻油做环保处理 |  |

| 操作步骤 | 操作图示 |
|---|---|
| 作业三　AC350 仪器的检查与空调管路的连接 | |

| 操作步骤 | 操作图示 |
|---|---|
| 8. 开机<br>提示：打开 AC350 |  |
| 9.排气<br>提示：按下操作面板中的排气键，排除管路内的气体 |  |
| 10. 记录罐内制冷剂量<br>提示：<br>1）观察显示屏中剩余制冷剂量数值。<br>2）记录剩余制冷剂量。<br>3）若罐内制冷剂量少于 3kg，则要进行补充 |  |
| 11. 佩戴防护设备<br>提示：佩戴橡胶防护手套、护目镜和安全帽，保护操作人员在空调制冷剂发生大量泄漏时的安全 |  |

| 操作步骤 | 操作图示 |
|---|---|
| 作业三　AC350 仪器的检查与空调管路的连接 | |
| 12. 取下高、低压阀盖<br>**提示**：分别用手逆时针拧下高、低压阀盖，将高、低压阀盖放在工具车上 |  |
| 13. 连接低压快速接头 |  |
| 14. 查看加注机上的压力显示<br>**提示**：<br>1）此时观察的空调压力为静态压力，可以判断空调加注机红、蓝管路与车辆是否连接正常。<br>2）静态压力也可作为判断空调是否有故障的方法之一 |  |
| 作业四　回收制冷剂 | |
| 15. 将汽车空调运行 3～5min<br>**提示**：<br>1）将钥匙打到启动挡，打开汽车空调。<br>2）使汽车空调运行 3～5min |  |
| 16. 关闭汽车空调，将钥匙打到 OFF 挡<br>**提示**：需等待 30s 后再进行回收作业 |  |

续表

| 操作步骤 | 操作图示 |
|---|---|
| 作业四　回收制冷剂 | |

17. 按下操作面板上的回收键

提示：

1）制冷剂回收没有降到 0kPa 以下压力时，无法进行抽真空作业。

2）回收时如果低压表指针降到-10psi（1psi=6.895kPa）且时间超过 10s，此时若不及时停机，将损坏压缩机

18. 打开面板上的手动低压阀和高压阀

19. 按下"开始/确认"键开始回收制冷剂

提示：

1）1min 后管路自清理自动进行。

2）管路清理完成后自动开始回收制冷剂

20. 按下"停止/取消"键停止回收制冷剂

提示：回收的标准是低压表指针降到-10psi，然后等待 5～10s，按下"停止/取消"键停止回收

| 操作步骤 | 操作图示 |
| --- | --- |
| 作业四　回收制冷剂 | |
| 21. 排油<br>提示：<br>1）当操作界面出现"下一步，排油？"时，按下面板上的"开始/确认"键开始排油。<br>2）排油完成后，等待30s，记录排油量 | 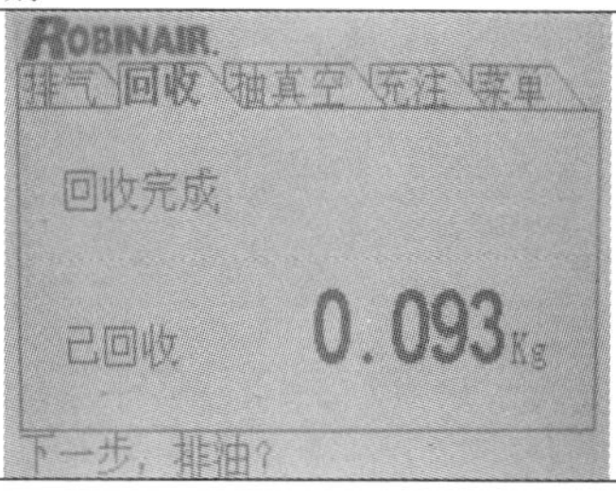 |
| 作业五　抽真空 | |
| 22. 按下面板上的"抽真空"键，进行第一次抽真空<br>提示：制冷剂回收没有降到0kPa压力以下时无法进行抽真空作业 |  |
| 23. 进行时间设定<br>提示：按下数字键，设定第一次抽真空时间为3min | 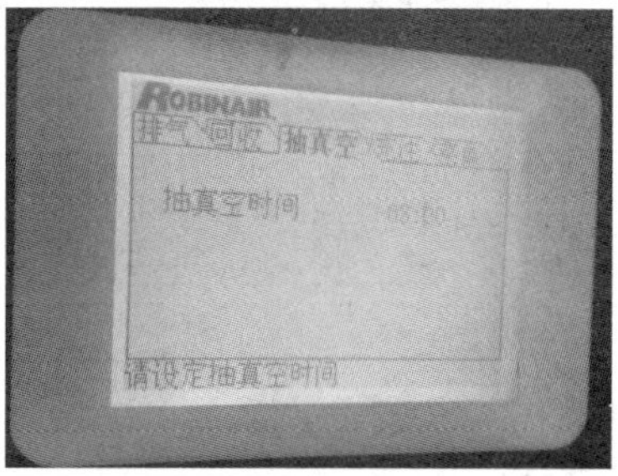 |
| 24. 打开仪器面板上的高、低压阀<br>提示：在抽真空过程中，如果出现压力指针一直不能到负值黑色区域，应立即停止抽真空程序，避免损坏压缩机 | 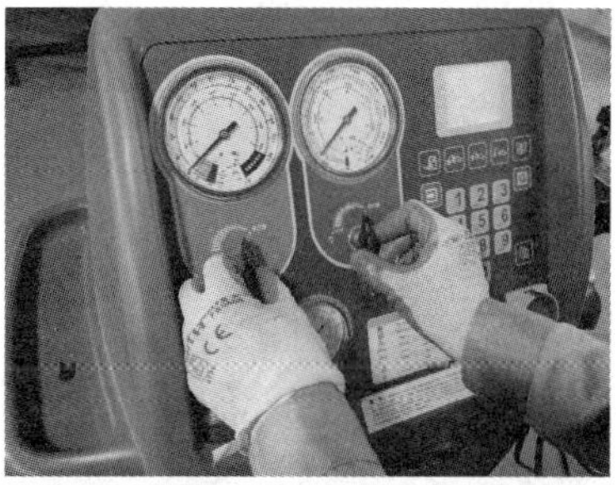 |
| 25. 按下"开始/确认"键，第一次抽真空<br>提示：3min后，系统抽真空会自动停止，观察面板上的高低压表是否降到了-30psi |  |

纯电动汽车维护与保养（含工作页）

续表

| 操作步骤 | 操作图示 |
|---|---|
| 作业五　抽真空 | |

| 操作步骤 | 操作图示 |
|---|---|
| 26. 关闭仪器面板上的高、低压阀<br>提示：高、低压阀顺时针旋转为关闭 | |
| 27. 保压<br>提示：<br>1）当操作界面出现"下一步，保压"时，按下"开始/确认"键，开始保压。<br>2）保压 1min 后自动结束。保压是自动进行的，但需要人工观察压力表的显示，若在 1min 内出现高低压表有明显回升则表明系统有泄漏，若有细微回升表明系统内还有空气，需要再次抽真空 | |
| 28. 注油（打开高压阀，关闭低压阀）<br>提示：<br>1）冷冻油为液体，所以要从高压管注入。<br>2）注油瓶油量至少要高出注油量 20mL，以防止空气进入 | |
| 29. 注油（当操作界面出现"下一步，注油"时，按下"开始/确认"键，开始注油） | |
| 30. 注油（垂直观察冷冻油的下降量，手动取消注油）<br>提示：<br>1）按经验公式，设定注油量为排出量加 20mL，按下"开始/确认"键进行注油。<br>2）当注油瓶内的液位接近设定的注油量时，按下"开始/确认"键停止注油。按下红色"取消"键，返回原始界面 | |

| 操作步骤 | 操作图示 |
| --- | --- |
| | 作业五　抽真空 |
| 31. 注油<br>提示：关闭仪器面板上的高、低压阀 | 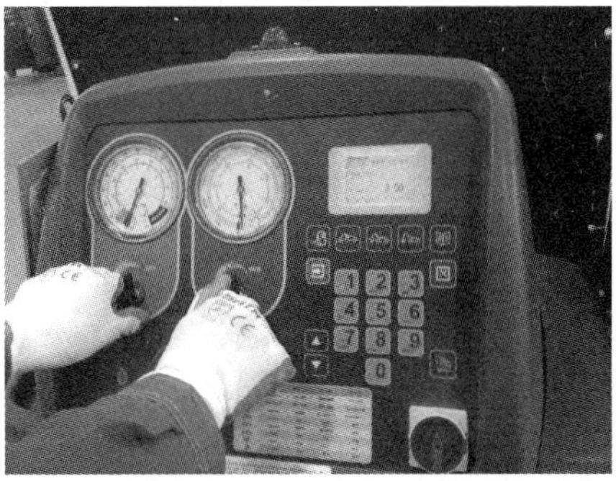 |
| 32. 第二次抽真空<br>提示：再次按下面板上的"抽真空"键,进行第二次抽真空 |  |
| 33. 第二次抽真空<br>提示：关闭仪器面板上的高压阀，打开低压阀 | 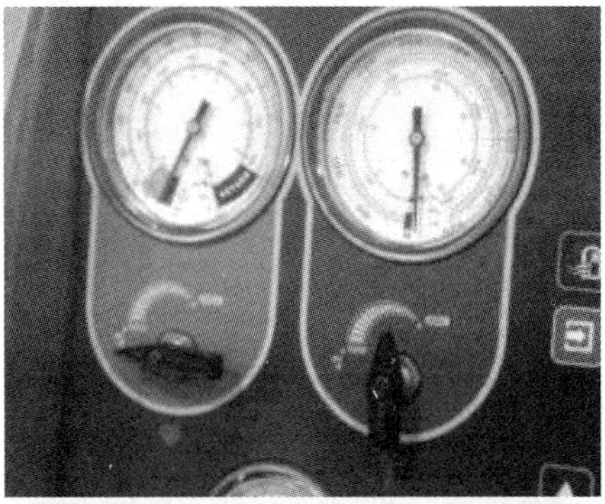 |
| 34. 第二次抽真空<br>提示：设定抽真空时间为5min |  |

续表

| 操作步骤 | 操作图示 |
|---|---|
| 作业五　抽真空 | |
| 35. 第二次抽真空<br>**提示：**<br>1）5min 后，系统抽真空自动停止。<br>2）在抽真空过程中，如果出现压力指针一直不能到负值黑色区域，应立即停止抽真空程序，避免损坏压缩机 | |
| 作业六　系统充注与管路清理 | |
| 36. 查看维修手册或汽车引擎盖，查阅制冷剂的型号和充注量 | |
| 37. 按下操作面板上的"充注"键 | |
| 38. 用数字键设定充注量 | |

续表

| 操作步骤 | 操作图示 |
| --- | --- |
| 作业六 系统充注与管路清理 | |
| 39. 打开面板上的高压阀, 关闭低压阀 | 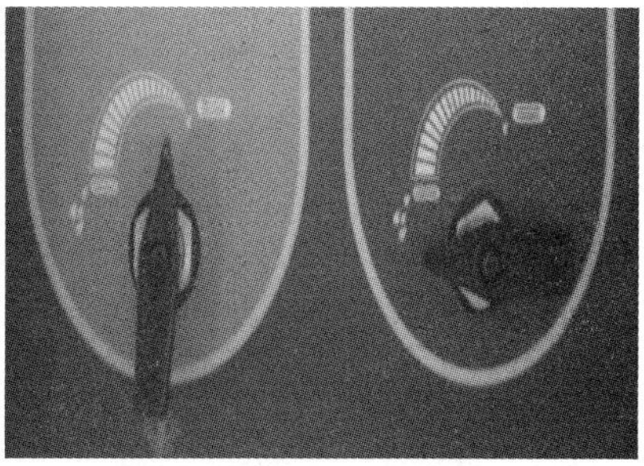 |
| 40. 按下"开始/确认"键, 自动开始按量充注<br>**提示**: 若界面上提示"充注缓慢", 说明罐内制冷剂压力不足, 应该停止充注, 对罐内制冷剂进行补充 (或自循环) 后再进行充注 | 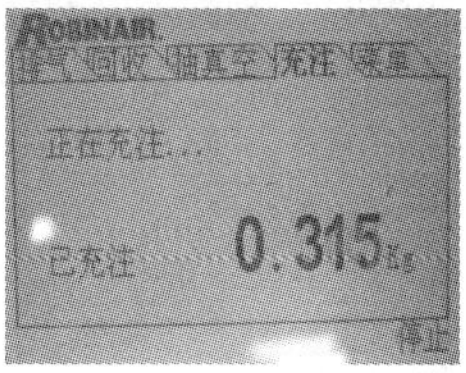 |
| 41. 充注完成后, 关闭仪器面板上的高、低压阀 |  |
| 42. 关闭高、低压快速管接头阀门 |  |
| 43. 取下高、低压快速管接头<br>**提示**:<br>1) 取下高、低压快速接头后进行清洁。<br>2) 将高、低压软管安装在回收加注机机体上 |  |

续表

| 操作步骤 | 操作图示 |
|---|---|
| 作业六　系统充注与管路清理 | |
| 44. 管路清理<br>提示：打开面板上的高、低压阀门 | 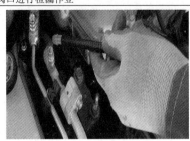 |
| 作业七　对高、低压维修阀口进行检漏作业 | |
| 45. 使用电子检漏仪（RA007）对高、低压阀口进行检漏 |  |
| 作业八　7S 整理 | |
| 46. 7S 管理<br>提示：<br>1）将车辆停入正确的位置。<br>2）将工具放回指定的位置 | |

### 【知识拓展】

目前市场上还有许多新型的制冷剂，下面举例说明。

1）R404A 制冷剂：R404A 是一种不含氯的非共沸混合制冷剂，常温常压下为无色气体，是被储存在钢瓶内的压缩液化气体。其 ODP 为 0，因此 R404A 是不破坏大气臭氧层的环保制冷剂。R404A 主要用于替代 R22 和 R502，具有清洁、低毒、不燃、制冷效果好等特点，大量用于中低温冷冻系统。

2）R410A 制冷剂：R410A 是一种不含氯的氟代烷非共沸混合制冷剂，常温常压下为无色气体，是被储存在钢瓶内的压缩液化气体。其 ODP 为 0，因此 R410A 是不破坏大气臭氧层的环保制冷剂。大量用于家用空调、小型商用空调、户式中央空调等。

3）碳氢制冷剂：主要具有节能和环保这两大优点。节能方面，用碳氢制冷剂的空调要比用 R134、R22 的空调节省能耗 15%～35%。环保方面，碳氢制冷剂属于天然物质，因此对大气无污染、对臭氧层无破坏且温室效应几乎为零。

# 项目 6　外接充放电设备的使用与维护

## 任务 6.1　车载充放电设备的使用与维护

### 【客户委托】

刘师傅有一个很好的习惯，当保养好客户的车辆后，会把客户车辆停在客户待取车位上，然后用汽车自带的车载充电枪给汽车充电。当客户取车时，看到汽车电量充足的状态就会对 4S 店非常满意，刘师傅还会顺便给客户普及充电知识，所以刘师傅一直是店里的明星技师。让我们也向刘师傅学习车载充放电设备的相关知识吧。

车载充放电设备
的使用与维护

### 【目标概述】

知识目标：
➤　了解电动汽车充电方式。
➤　熟悉车载充电枪的结构。
➤　清楚电动汽车的充电过程。

技能目标：
➤　学会交流充电的操作方法。
➤　了解应急对外放电的安全操作。

### 【知识链接】

电动汽车充电的价格、速度、便捷性、安全性一直是车主关注的要点，电动汽车的发展同时也表明充电技术的进步。

### 6.1.1　电动汽车充电方式

电动汽车的充电方式，现在常用的主要有 4 种：车载充电设备充电、家用充电桩充电、公共充电桩充电、更换电池。在购买电动汽车时，一般都会随车赠送家用充电桩，并会安排技术人员上门安装调试。这种充电方式充电时间适中，会随着车辆品牌、型号的不同而有所区别，但前提是必须在固定停车位安装。公共充电桩充电方式的优点是可以根据实际情况选择直流快充和交流慢充，而且也是唯一支持直流快充的方式，缺点是公共充电桩供不应求，充电费用较高。为汽车补给电能最快捷的方式是更换电池，专门培训的技术人员，通过全自动或者半自动技术，可在 2～10min 内更换电池，实现电能的补给，速度可媲美为燃油车加油，缺点是只能在专业地点、由专业人员操作，且所更换的电池质量参差不齐。

以上几种方式中，相对使用最多、最实惠的是利用车载充电设备充电，电动汽车都会随车配备车载充电枪，车主通过家用电源即可进行充电。这种充电方式方便，但是其充电速度较慢。图 6-1-1 所示为 220V 车载充电枪示意图。

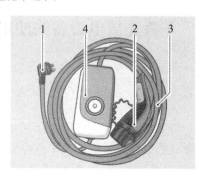

1—三脚充电插头；2—充电枪；3—充电线缆；4—充电枪指示灯。

图 6-1-1　220V 车载充电枪示意图

（1）三脚充电插头

充电时，三脚充电插头用于与家用电源插座插合。

（2）充电枪

充电时，充电枪用于与车辆上的交流充电接口对接。

（3）充电线缆

充电线缆用于连接三脚充电插头与充电枪等部件。

（4）充电枪指示灯

充电枪指示灯可以通过不同的指示灯显示状态反映当前的充电信息。指示灯位置分布、不同颜色及含义如图 6-1-2 所示。

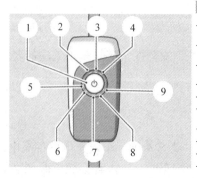

| 显示区域 | 显示状态 | 状态说明 |
| --- | --- | --- |
| 1 | 蓝色常亮 | 电源指示 |
| 2～4 | 绿色循环闪烁 | 正在充电 |
| 2～4 | 全部绿色常亮 | 充电完成 |
| 2～4 | 全部绿色闪烁 | 未连接 |
| 5 | 红色闪烁 | 漏电保护 |
| 6 | 红色闪烁 | 过流保护 |
| 7 | 红色闪烁 | 过压/欠压保护 |
| 8 | 红色闪烁 | 通信异常 |
| 9 | 红色常亮 | 未接地 |
| 5～9 | 红色常亮 | 电源故障 |

图 6-1-2　指示灯分布图及含义

（5）充电接口

充电接口分为交流充电接口和直流充电接口两种结构。交流充电接口用于慢充，直流充电接口用于快充，如图 6-1-3 和图 6-1-4 所示。

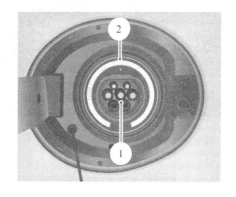

1—交流充电接口；2—充电状态指示灯。

图 6-1-3　交流充电接口

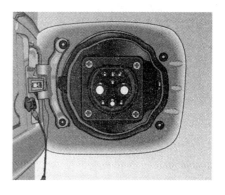

图 6-1-4　直流充电接口

### 6.1.2　纯电动汽车车载充电过程

纯电动汽车充电时，直流充电桩充电速度较快，但是大多数情况下采用交流车载充电枪进行充电。在充电设备中车载充电器充电虽然较慢，但不需要改装线路，直接插入 220V/16A 家用三孔插座就可以实现充电。车载充电属于慢充，有专用交流慢充接口。以吉利帝豪 EV450 为例，交流慢充大约需要 9h 充满电。图 6-1-5 所示为电动汽车的充电口位置。

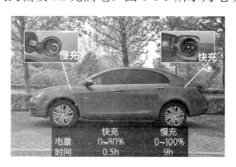

车载充电器

图 6-1-5　吉利帝豪 EV450 电动汽车充电口

依据 GB/T 27930—2015 规定：新能源电动车充电的过程可以分为 6 个阶段，即物理连接阶段、低压辅助上电阶段、充电握手阶段、充电参数配置阶段、充电过程管理阶段和充电完成阶段。

1. 物理连接阶段

（1）打开充电盖

打开充电盖时，充电口控制单元被激活，等待连接，如图 6-1-6 所示。

（2）连接

连接插头、充电线、插座，并保证连接可靠，如图 6-1-7 所示。

图 6-1-6　打开充电盖

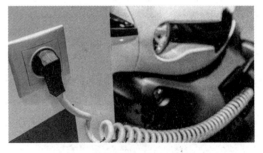

图 6-1-7　连接插头、充电线、插座

**2. 低压辅助上电阶段**

充电桩端连接完毕，CC 信号指示灯亮起，汽车检测到已经插枪，如图 6-1-8 所示。

图 6-1-8　充电连接

电动汽车充电

**3. 充电握手阶段**

充电枪锁枪开关闭合，反馈给车载充电机，确认充电，如图 6-1-9 所示。

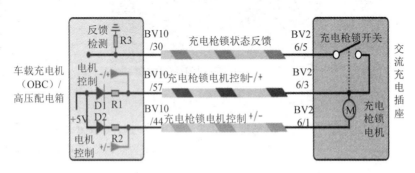

图 6-1-9　充电枪锁枪反馈

**4. 充电参数配置阶段**

车辆检测充电枪为连接状态后，充电机会根据动力电池有无充电需求、动力电池是否有不能充电的故障等做出相应处理。充电机无故障时会闭合继电器，表示车辆准备就绪，车载充电机开始对整车机制做判断，唤醒相应的部件，请求充电。图 6-1-10 所示为总线信号唤醒。

5. 充电过程管理阶段

电源管理系统根据充电需求采用占空比方式给车辆充电，如图 6-1-11 所示。

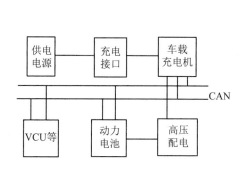

图 6-1-10　总线信号唤醒

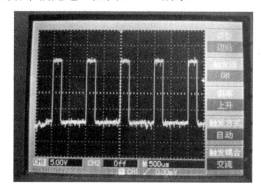

图 6-1-11　占空比信号控制

6. 充电完成阶段

电动汽车的电源管理系统会根据充电的结果判断电量是否充满，充满后停止充电，并自动切断电源。

### 6.1.3　充电系统使用保养注意事项

1. 充电操作注意事项

在进行充电操作时，应注意以下事项。

1）由于动力电池的特性以及检测精度的问题，有时候动力电池包充电至满电状态时，SoC 电量表的指针并未指示在 100%，这个指示的范围可能是在 98%～100%。所以可以认为当 SoC 电量表的指针指示在 98% 以上（包括 98%）时，动力电池包实际上已经充满电。

2）在充完电拔下充电接头以后，如果没有及时查看 SoC 电量表的充电状态，而是过了几个小时或者更长的时间才进行查看，这时由于动力电池的特性，SoC 电量表指针可能指示在 98% 以下，这并不意味着动力电池包出现了故障。

3）动力电池包的可用能量会随着使用时间的延长而逐步衰减。如果动力电池包的使用时间已经很长，充满电时 SoC 电量表指针也不会指示在 100% 附近。

4）动力电池包充电过程中，电池管理系统会自动控制充电电流的大小，当动力电池包充至满电状态时，电池管理系统会自动终止对动力电池包的充电。

5）当环境温度太低时，插上充电接头以后，电池管理系统会自动先对电池包进行加热，当温度合适以后才对电池包进行充电。

**2. 交流慢充充电指示灯含义**

以帝豪 EV450 为例，当开始充电时，充电口的灯环会亮起，如图 6-1-12 所示。其中照明色为白色，充电为绿色，正在充电为绿灯闪烁，充电完成为常亮绿色，故障为红色，放电为蓝色闪烁。

图 6-1-12　充电口灯环

**3. 长时间停驶注意事项**

电动汽车在长时间停驶后，也有两点需要特别注意。

1）应避免亏电停放。电动汽车不同于传统汽油车，它对车辆停放的状态有自己的"独特口味"。原理是这样的，在亏电情况下停放电动汽车，电池很容易出现硫酸盐化现象，堵塞电离子通道，造成充电不足，电池容量下降。所以，电动汽车在闲置时，应保持其电量的活跃。

2）应定期深放电。当电动汽车快没电时，会自动出现欠压保护，但在此过程中，它的电压并不稳定，会忽高忽低，造成反复出现欠压保护的状态，若此时行驶电动汽车，会对电池造成很大伤害。所以最好应定期对电池进行深放电，即对其完全放电后，再进行完全充电，这样对电池就会起到很好的保护作用。

### 6.1.4　应急对外放电

现在很多电动汽车有了对外放电功能，这样在户外活动时用户可以获得更多的电源支持。SoC 电量表在 20% 以上时，输出功率支持电水壶等生活电器的需求，如图 6-1-13 所示为应急对外放电插头。

图 6-1-13　应急对外放电插头

1. 帝豪 EV450 放电功能使用方式

帝豪 EV450 放电功能使用方式具体如下：

1）手动打开充电盖。

2）插入放电线插头。

3）将其他用电设备插入插线板。

220V 放电功率为 6.6kW，反向充电（约等于电流 30A），支持部分家用电器使用，并且支持电动车相互充电功能。

2. 使用注意事项

在使用放电功能时应注意以下事项：

1）SoC 电量表在 20%以上。

2）用电设备功率为 6.6kW，电流小于 30A，避免大电流放电。

【知识拓展】

近几年，国家大力推广新能源汽车，在一些限牌、限号的城市，想买新能源车型的人越来越多。然而，除续航里程依旧困扰消费者之外，目前国内充电基建还没有达到完全覆盖状态从而导致充电不方便，这也是消费者购买纯电动汽车时考虑最多的问题。

为了更加方便地充电，大部分厂家会赠送电动车家用充电桩供个人充电使用，如图 6-1-14 所示。这种家用充电桩接 220V 电源，在后期安装以及使用过程当中，具体有哪些注意事项呢？

图 6-1-14　家用充电桩

1. 充电桩安装前选址

首先，在安装充电桩之前一定要去小区物业进行咨询，看本小区内是否允许安装充电桩，如果允许安装则还要再去当地的供电部门申请安装充电桩；如果不允许，可以找专业的充电桩安装公司或当地电业局进行协调。

其次，在选择安装位置的时候一定要注意，一般不要过多地占用公共资源，同时要选择车辆停靠相对比较容易的位置。如果有地下停车场，最好在停车场内进行安装，若在室外安装，则需要提前做好防潮工作。

### 2. 充电桩安装线路要求

目前的家用充电桩，功率一般都在 6kW 左右，如果按照这个功率来计算，导线的通过电流应为 27.27A。按照线材选择的标准，导线允许的最大电流至少要大于额定电流的 30% 才可以，所以单根线缆横截面积的选择一般不得低于 4mm² 的，而且线材建议选择铜心多股导线。如果线材选择过细，很容易在后期充电的过程中导致线材发热，从而影响整个充电桩以及车辆的安全性。

### 3. 电费

新能源车型的充电线接家用电源没有问题，但也需要考虑电费问题。若长时间给新能源车辆充电，耗电量不容小觑。再者要考虑充电效率，如果说接家用的 220V 电源充电，那么充电时长是一个大问题。因为家用的电源插口功率不高，最高也只有 6kW 左右，所以有可能充十多个小时才能将电池充满。

### 4. 充电桩安装和使用

在安装充电桩的时候一定要有牢固可靠的接地，因为如果没有接地线，一旦漏电，将会出现严重的安全问题。如果系统检测到漏电或者接地不良就会停止充电，出现充电故障。在充电之前一定要分清车辆的快充和慢充接口，选择对应的充电方式。在充电结束之后，还需要及时将充电器移除，防止出现过充而损伤动力电池。在充电过程中应尽量一次充满，不要在充电还未完成时中断充电。冬季时尽量避免在极寒环境下进行充电，这样既会影响充电速度，也容易导致动力电池容量衰减。

### 【任务实施】

家用车载充电器交流充电是比较经济实惠的充电方式，具体方法如下。
考核时间：共 4 学时，每 4 位同学一组，每组作业 30min。
人员安排：2 人操作。

电动汽车充电

| 操作步骤 | 操作图示 |
| --- | --- |
| 1. 首先检查家用电源三脚插座是否可靠接地<br><br>提示：使用家用电源充电，所选插座以及转接线排的电流规格不得低于交流充电插座总成铭牌的额定电流 |  |

续表

| 操作步骤 | 操作图示 |
|---|---|
| 2. 将三脚充电插头与家用电源插座插合<br>提示：插拔充电插头时请握住插头绝缘部分操作，禁止直接拖拽充电线缆 | 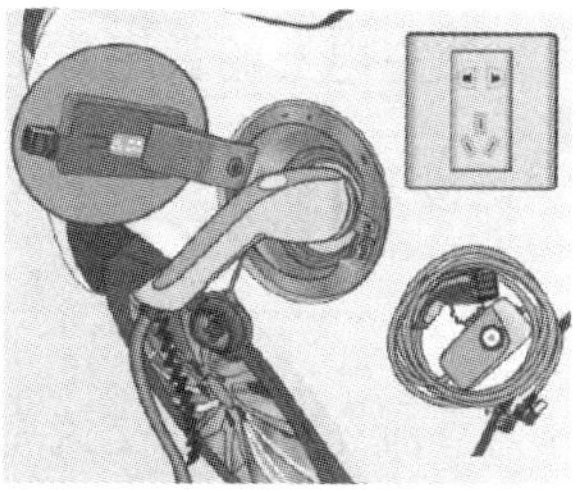 |
| 3. 将充电枪插入车身充电插座上，即可自动充电<br>提示：充电时禁止车门、车窗、行李箱盖挤压充电线缆 | 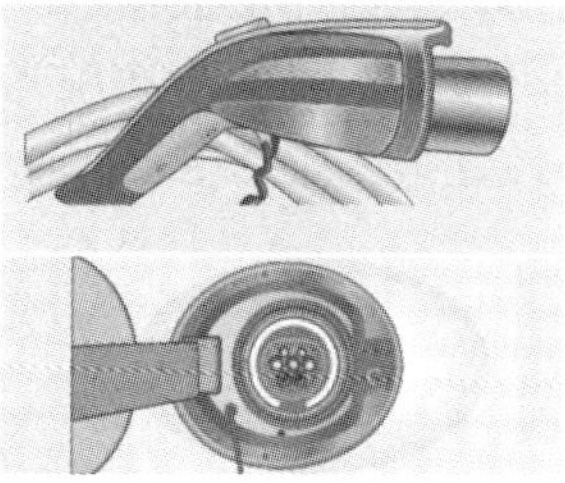 |
| 4. 充电结束关闭交流充电盖前，请确认交流充电接口防护盖已盖上,若交流充电盖关闭而充电插座防护盖打开,水或者灰尘可能会进入充电插座内部,从而导致故障<br><br>充电枪拔出 | 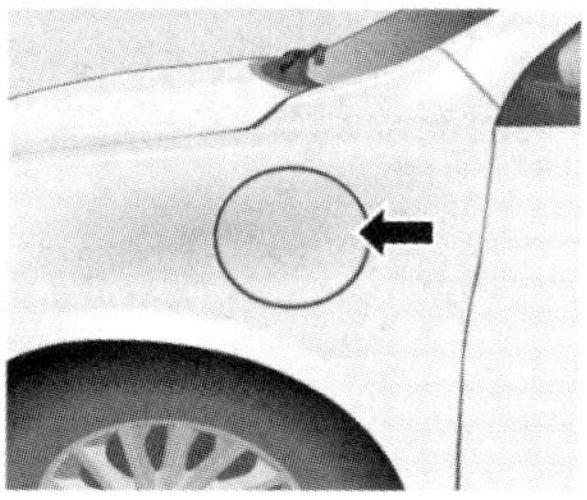 |

# 任务 6.2　商用充电桩的使用

**【客户委托】**

　　最近几年国家推广使用电动汽车，各地的停车场开始安装商用充电桩，电动汽车的 4S 店也随之接到各种求助电话，例如充电桩不给电动车充电、充电桩充电速度很慢、充电桩没有给汽车充满电、充电桩损伤电池等。虽然这些问题应该归充电桩所属的公司解答，但是很多客户却要求 4S 店提供帮助。

**【目标概述】**

知识目标：

➢　了解直流充电桩与交流充电桩的充电方式。

➢　了解直流充电桩的内部结构。

➢　掌握直流充电桩的充电原理。

商用充电桩的
使用

技能目标：

➤ 学会直流充电桩的使用方法。

➤ 熟悉交流充电桩的使用方法。

**【知识链接】**

　　充电桩分为直流充电桩和交流充电桩两种，它们都是电动汽车传导式充电的供电设备，如图 6-2-1 所示。直流充电桩输入的是交流电，输出的是直流电，可以为电动汽车电池直接充电，充电速度快。交流充电桩输入的是交流电，输出的也是交流电，它连接电动汽车的车载式充电器，通过车载式充电器为电池充电。由于交流充电桩受限于车载充电器的功率限制，充电速度慢。

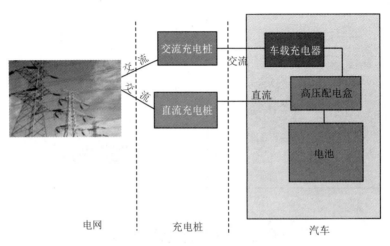

图 6-2-1　交流与直流充电桩充电方式

### 6.2.1　商用充电桩的结构及工作原理

　　商用充电桩大多为直流充电桩，也可以为交流充电桩，充电客户可以充值刷卡充电。因为直流充电桩速度较快，所以市场上直流充电桩较为普遍，如图 6-2-2 所示。

图 6-2-2　商用直流充电桩

1. 内部构造

如图 6-2-3 所示，商用直流充电桩的正面由主控制器、充电模块、触摸屏、刷卡模块、智能电表和空气开关等部分组成，其中充电模块集成了交流电转直流电和调节直流电功率功能。直流充电桩的背面由熔断器、主继电器、防雷模块和辅助电源组成，其中防雷模块和熔断器起到电气保护的作用。

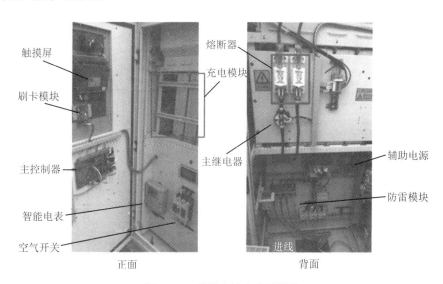

图 6-2-3 商用直流充电桩结构

2. 电气原理

充电桩内部电气模块由 APFC 功率因数模块、DC-DC 变压器（由 DC-AC 逆变模块、AC-DC 整流模块组成）、控制板、CAN 通信控制模块和辅助电源组成。原理是通过控制模块控制 APFC 功率因数模块确定充电功率，由 DC-DC 变压器内的 DC-AC 逆变模块改变电压，AC-DC 整流模块将交流电整流成直流电输送给汽车动力电池，如图 6-2-4 所示。

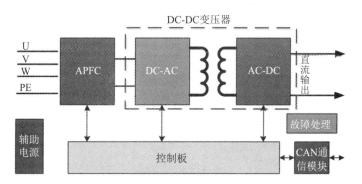

图 6-2-4 直流充电桩充电原理

控制板通过 CAN 通信控制模块与汽车 BMS 通信来控制充电流程，最后完成充电或者故障判断。如图 6-2-5 所示为充电控制流程图。

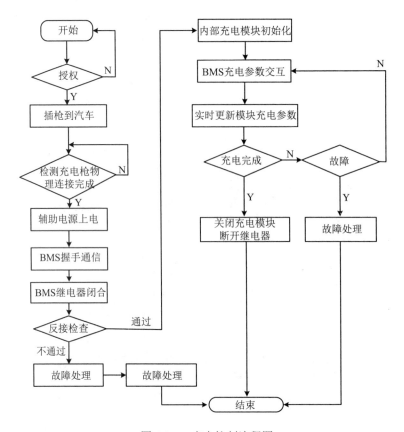

图 6-2-5　充电控制流程图

## 6.2.2　商用充电桩使用注意事项

### 1. 充电前

1）检查周围环境有无易燃易爆物品。

2）观看充电桩显示状态是否正常。

3）检查充电枪是否完好无损，充电接口标准是否匹配。

4）确认充电枪已连接到位。

### 2. 充电中

1）按使用说明正确操作充电桩。

2）检查充电桩显示是否正常，有无电流、电压等。

3）充电过程中禁止将充电枪拔出。

4）充电过程中禁止启动汽车。

3. 充电后

1）确认充电桩停止工作。

2）拔出充电枪，将充电枪整理好放回充电口。

3）将电动车充电口封好。

4）整理充电现场。

4. 充电桩安全

1）当充电过程中遇到紧急情况时，请按下紧急停止按钮。

2）当充电桩起火时，立即将总电源关闭。当火势在可控范围时，用二氧化碳灭火器将火扑灭；当火势不可控时，立即疏散现场人员。

3）因为充电桩使用的是高压电，充电时须佩戴绝缘手套。禁止直接用手触摸电枪孔和车辆插座的插孔。

【知识拓展】

越来越多的新能源电动汽车需要充电，但是电池的续航是个问题，所以就需要充电桩来解决。如果到一个陌生的地方不知道在哪里可以充电，可以通过下面的方法来寻找充电桩。

电动汽车车主可以在支付宝"车主服务"内选择"充电服务"，然后通过地图筛查和关键字迅速查询到最近的充电站，并在手机里实时查看充电桩、充电枪的使用状态。这样就不会发生赶到充电站才发现充电桩已经被占用，需要等待一两个小时的窘境，而且在充电结束后一站式完成支付。图 6-2-6 所示为支付宝中的"充电服务"。

只需要打开"充电服务"，便会显示附近的充电桩，用户点击距离最近的一个充电桩，页面便会显示其地址，还可以在此页面上直接导航到目的地，非常便利，如图 6-2-7 所示。

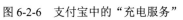

图 6-2-6　支付宝中的"充电服务"　　图 6-2-7　选择汽车充电站

请找找看还有什么方法可以使我们更快地找到充电站？

## 【任务实施】

现在市面上充电桩的种类开始增多，主流厂商有国家电网、特来电、普天新能源、星星充电等。

考核时间：共4学时，每4位同学一组，每组作业30min。

人员安排：2人操作。

| 操作步骤 | 操作图示 |
|---|---|
| 作业一　国家电网直流充电桩使用 | |
| 1. 打开电动汽车上的充电口 | 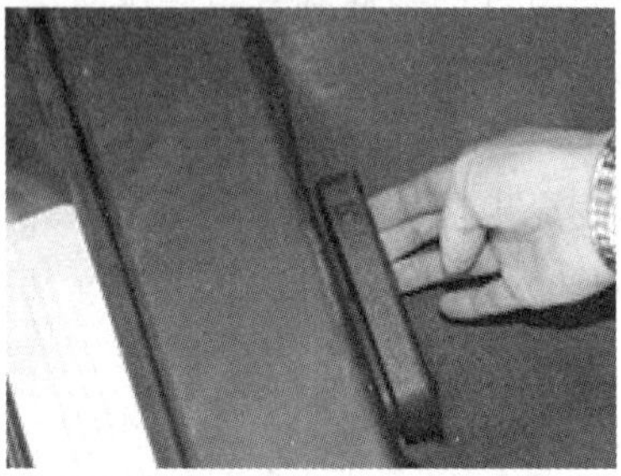 |
| 2. 确认充电桩是直流充电桩 |  |
| 3. 将充电枪从充电桩取下 |  |
| 4. 插入车辆对应接口处 |  |

续表

| 操作步骤 | 操作图示 |
|---|---|
| 作业一　国家电网直流充电桩使用 ||
| 5. 点击屏幕选择 e 充电 App |  |
| 6. 打开 e 充电 App 登录并预存金额 |  |
| 7. 用 e 充电 App 扫描二维码，启动充电 | 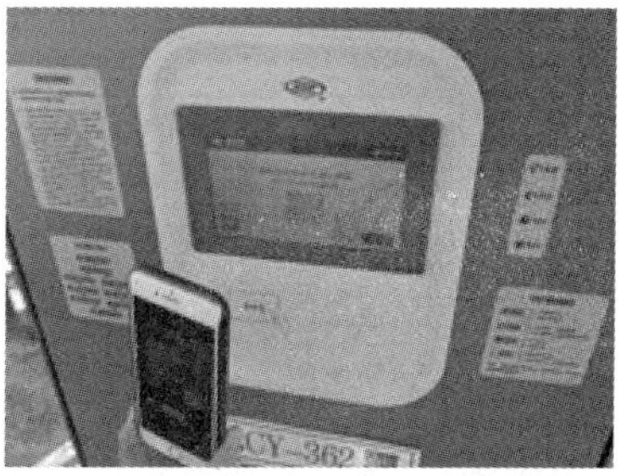 |
| 8. 等待充电 | 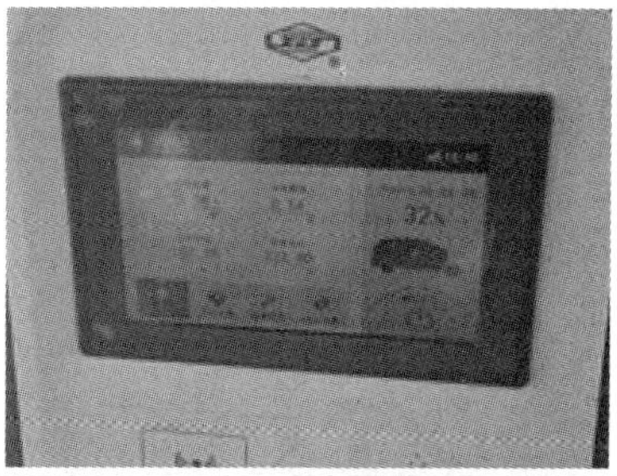 |
| 9. 充电完成 |  |

续表

| 操作步骤 | 操作图示 |
| --- | --- |
| 作业二　国家电网交流充电桩使用 | |
| 10. 打开电动汽车上的充电口 | 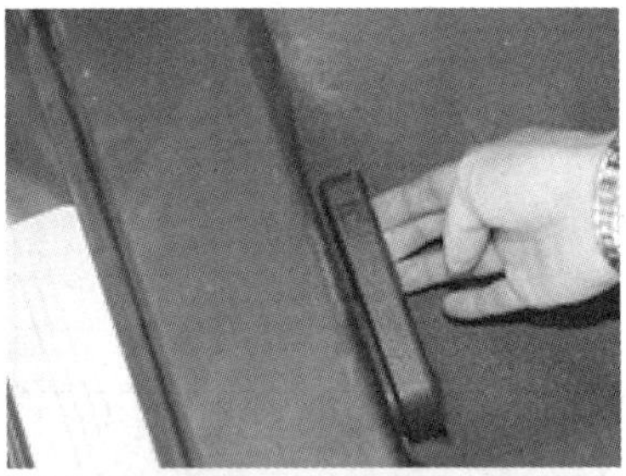  |
| 11. 确定充电桩是交流充电桩 |  |
| 12. 取出充电线（自备），分辨两个不同的端口 | 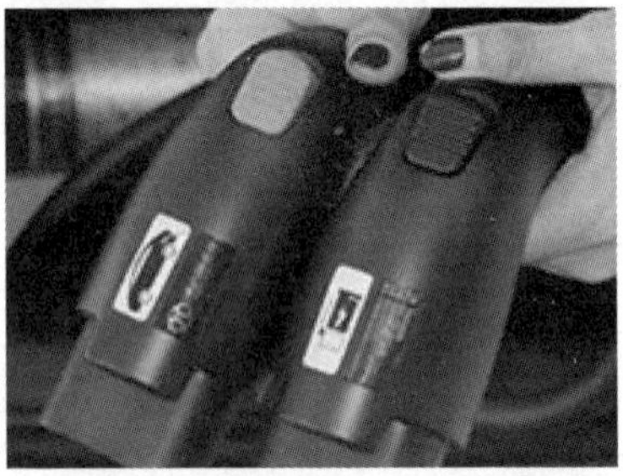 |
| 13. 将有充电桩标志的一头插入交流充电桩内 |  |
| 14. 将有汽车标志的一头插入车辆对应接口 |  |

续表

| 操作步骤 | 操作图示 |
|---|---|
| 作业二　国家电网交流充电桩使用 | |
| 15. 打开 e 充电 App 登录并预存金额 | 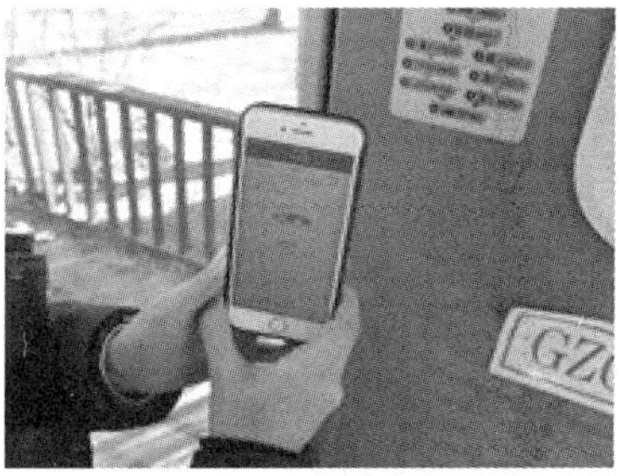 |
| 16. 用 e 充电 App 扫描桩体上的二维码 | 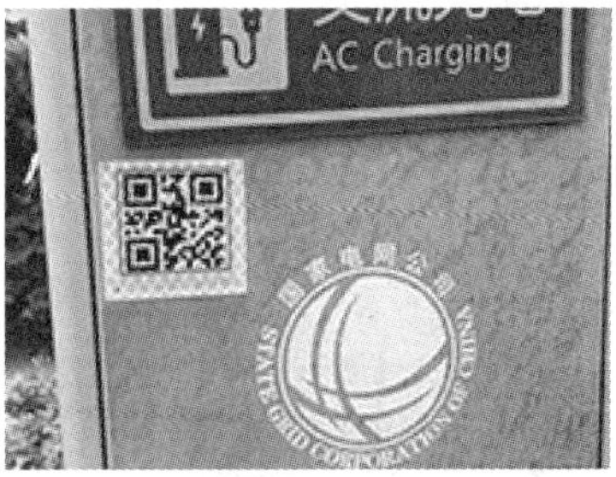 |
| 17. 启动充电 | 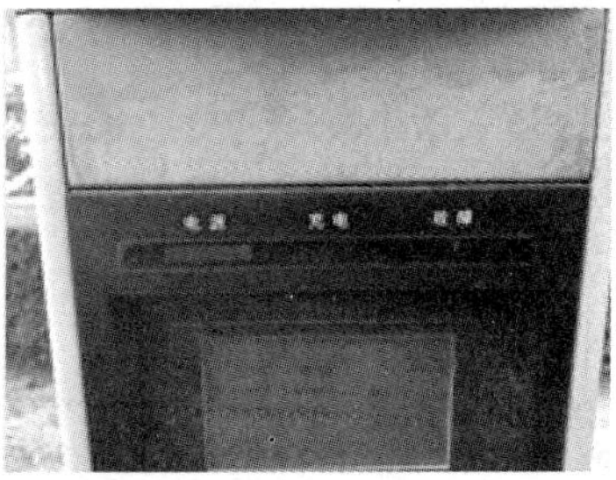 |
| 18. 充电完成 | 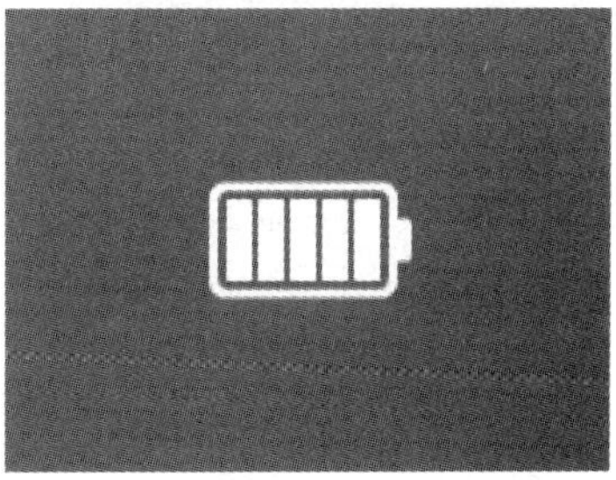 |

# 术语英中文对照表

| 序号 | 英文缩写 | 英文 | 中文 |
|---|---|---|---|
| 1 | A/C | air conditioning device | 空气调节装置 |
| 2 | AC | alternating current | 交流 |
| 3 | ABS | antilock brake system | 防抱死制动系统 |
| 4 | AED | automated external defibrillator | 自动体外除颤器 |
| 5 | AMT | automatic manual transmission | 电控机械自动变速器 |
| 6 | AT | automatic transmission | 液力自动变速器 |
| 7 | BMS | battery management system | 电池管理系统 |
| 8 | CPR | cardiopulmonary resuscitation | 心肺复苏 |
| 9 | CVT | continuously variable transmission | 机械无级自动变速器 |
| 10 | CAN | controller area network | 控制器域网、 通信控制模块 |
| 11 | DC | direct current | 直流 |
| 12 | DSG | direct shift gearbox | 双离合器变速器、直接换挡变速器 |
| 13 | ECO | economic | 节能 |
| 14 | EV | electric vehicle | 纯电动汽车 |
| 15 | EBD | electronic brake force distribution | 制动辅助系统 |
| 16 | ESP | electronic stability program | 电子稳定控制系统 |
| 17 | HPC | high power charging | 超级快充 |
| 18 | IPC | instrument panel cluster (automotive) | 组合仪表 |
| 19 | IGBT | insulated gate bipolar transistor | 绝缘栅双极型晶体管 |
| 20 | IIR | isobutylene isoprene rubber | 丁基橡胶 |
| 21 | MSD | manual service disconnect | 手动维修开关 |
| 22 | MCU | motor control unit | 电机控制器 |
| 23 | NR | natural rubber | 天然橡胶 |
| 24 | OBC | on-board charger | 车载充电机 |
| 25 | OBC | on-board controller | 车载充电器 |
| 26 | OBD | on-board diagnostic | 故障诊断接口 |
| 27 | PTC | positive temperature coefficient | 正温度系数热敏材料加热器 |
| 28 | PCU | power control unit | 动力控制单元 |
| 29 | PDU | power distributor unit | 高压配电盒 |
| 30 | PEU | power electric control unit | 电机控制器 |
| 31 | PFC | power factor correction | 功率因数校正 |
| 32 | SoC | state of charge | 剩余电量 |
| 33 | SBR | styrene butadiene rubber | 丁苯橡胶 |
| 34 | TPMS | tire pressure monitoring system | 胎压监测 |
| 35 | VCU | vehicle control unit | 电动汽车整车控制器 |

# 参 考 文 献

包丕利，2020. 新能源汽车维护与保养[M]. 北京：机械工业出版社.

理查德，2012. 汽车维修技能学习工作页[M]. 北京：机械工业出版社.

李楷，2017. 新能源汽车维护与保养[M]. 北京：中国发展出版社.

李缘忠，2018. 纯电动汽车构造与维修[M]. 上海：上海科学普及出版社.

宁德发，2017. 纯电动汽车结构原理检测维修[M]. 北京：化学工业出版社.

施托德，2010. 汽车机电技术[M]. 北京：机械工业出版社.

宋广辉，2018. 新能源汽车维护与故障诊断[M]. 北京：机械工业出版社.

吴兴敏，2017. 新能源汽车[M]. 北京：北京理工大学出版社.

吴兴敏，崔辉，2019. 电动汽车结构原理与检修[M]. 北京：化学工业出版社.

杨子坤，2013. 汽车电工电子应用技能[M]. 郑州：大象出版社.

中等职业教育汽车类专业新形态系列教材

# 纯电动汽车维护与保养
# 工作页

主　编　　陈仁波　　方作棋

副主编　　何兆华　　王科东　　　马遥遥

　　　　　梁华霖　　徐文权

班级＿＿＿＿＿＿＿＿＿＿＿＿＿

姓名＿＿＿＿＿＿＿＿＿＿＿＿＿

科学出版社

北　京

## 内 容 简 介

本书涵盖了纯电动汽车维护与保养的知识点和技能点，内容分为纯电动汽车维护基础知识、高压电下电防护安全操作、动力电池的维护与保养、电机驱动系统的维护与保养、空调系统的维护与保养、外接充放电设备的使用与维护共 6 个项目、16 个任务。作者参考了英国和德国的汽修类课程职业教育体系，结合现代新能源汽车维修企业的典型工作任务、1+X 智能新能源考核方案，并根据新能源汽车维修技能大赛的设施设备和职业院校师生教与学的需求进行编写。本书以任务考核为导向，理论知识与实践操作并重，学生完成 16 个任务的理论和实践考核后，可获得对纯电动汽车进行维护和保养的能力。

本书包含丰富的微课视频资源，并配套教学课件，既可作为职业教育新能源汽车维修专业创新教材，也可作为汽车维修企业纯电动汽车从业人员的业务参考用书和培训教材，还可作为全国中等职业院校新能源汽车维修技能大赛比赛参考用书。

**图书在版编目（CIP）数据**

纯电动汽车维护与保养：含工作页/陈仁波，方作棋主编. —北京：科学出版社，2021.6

（中等职业教育汽车类专业新形态系列教材）

ISBN 978-7-03-067657-3

Ⅰ. ①纯⋯　Ⅱ. ①陈⋯ ②方⋯　Ⅲ. ①电动汽车－车辆保养－中等专业学校－教材　Ⅳ. ①U469.72

中国版本图书馆 CIP 数据核字（2020）第 269479 号

责任编辑：陈砺川 / 责任校对：王颖
责任印制：吕春珉 / 封面设计：东方人华平面设计部

**科 学 出 版 社** 出版

北京东黄城根北街 16 号
邮政编码：100717
http://www.sciencep.com

**新科印刷有限公司** 印刷

科学出版社发行　各地新华书店经销

*

| | |
|---|---|
| 2021 年 6 月第 一 版 | 开本：787×1092　1/16 |
| 2021 年 6 月第一次印刷 | 印张：14 1/2 |
| | 字数：332 000 |

定价：48.00 元（共两册）

（如有印装质量问题，我社负责调换〈新科〉）

销售部电话 010-62136230　编辑部电话 010-62135397-2008

2016 年 7 月，教育部发布《推进共建"一带一路"教育行动》，提出建立"一带一路"教育共同体，推进政策、渠道、语言、学历的相通与互认，为"一带一路"建设提供人才支持、智力服务和文化理解。为建设"一带一路"教育共同体，职业教育引入了西方优秀的课程体系。但在实施过程中发现，源自西方的课程体系与我们传统职业教育课程发生了碰撞、冲突和排斥，东西方课程的知识内容、考试形式、评价方式有一定差异。西方的职业教育课程为它诞生的国家培养了无数优秀的技术工人，保障了经济发展，提升了人民综合素质，整个社会发展又反哺职业教育，为职业教育提供了新的发展方向。我们对引进的西方优秀汽修职业课程要"量体裁衣"，在尊重企业需求和学校实际办学能力的前提下，对教学场景进行重塑，根据学生文化素质和动手能力，对课程内容进行优化，避免全盘照搬而造成课程的"水土不服"，需要将课程"本土化"来达成我们提高学生技能水平的目标。

纯电动汽车的维护与保养技能项目较多，全部项目都进入考试体系所耗时间太长，传统技能考核本着节约考试成本、提高考试效率的原则，在考试时以抽测为主，学生的知识技能水平未能完全表现出来，评价结果会存在一定偏差。作者在编写本书时参考了英国和德国成熟汽修课程的职业教育体系，结合现代新能源汽车维修企业的典型工作任务、1+X 智能新能源汽车考核方案，根据全国职业技能大赛新能源维修赛项的设施设备和职业院校教学需求进行编写。本书涵盖了纯电动汽车维护与保养从业人员需要掌握的知识和技能，并提供理论和实操考评题目，学生能够在练习和考评中提高技能操作水平。考评题目是互相关联的，学生在通过纯电动汽车维护基础知识、高压电下电防护安全操作考核后才能进行后面内容的学习，在进行后面内容的考评时又必须反复动手操作前面的内容，这种方式可强化学生基础技能和安全意识，学生的理论知识和实操技能也可通过反复训练得到提升。

相比较市面上其他新能源汽车教材，本书更加专注纯电动汽车，采用项目任务形式，突出纯电动汽车的维护与保养内容，加入工作页和考核表，让学生和老师能够直观地了解学习进度；配套教学课件和微课程视频，让师生的教与学更加轻松。在车型选择上，我们选用近期全国职业院校中职技能大赛的指定车型吉利帝豪 EV450 纯电动汽车作为教学车型，兼顾比亚迪、北汽等国内其他纯电动汽车。

本书在编写之初，就本着高起点、高标准、高要求的原则，成立了由国内一流的院校、一流的教师、一流的企业、一流的专家和一流的出版团队组成的编审团队，得到了宁波市教育局职成教教研室、宁波市职业技术教育中心学校、宁波市鄞州职业高级中学、慈溪市锦堂高级职业中学、长兴县职业技术教育中心学校、哈尔滨市汽车职业高级中学校、杭州市临平职业高级中学、宁波市镇海区职业教育中心学校、宁波市交通技工学校、象山县技工学校、桐乡技师学院、杭州职业技术学院、奉化职业教育中心学校、玉环市东方中学、舟山职业技术学校、余姚市职成教中心学校、宁海县技工学校、舟山申通时代汽车销售服务有限公司、北京中车行高新技术有限公司、英国诺丁汉学院、英国艾蒙特克公司、英国汽车工业学会（IMI）、宁波轿辰集团股份有限公司、浙江泽近科技有限公司、浙江炎培教育科技有限公司等单位的支持，在此表示衷心的感谢。

# 目录

CONTENTS

项目 1　纯电动汽车维护基础知识 ·································· 1

　　任务 1.1　电动汽车的基本认知 ·································· 1

　　任务 1.2　电动汽车基本维护设施与设备的使用 ·················· 5

　　任务 1.3　电动汽车定期维护与保养项目认知 ···················· 9

项目 2　高压电下电防护安全操作 ································ 14

　　任务 2.1　电动汽车车辆作业前准备 ···························· 14

　　任务 2.2　作业前操作人员安全防护工作 ······················ 18

　　任务 2.3　电动汽车高压部件的绝缘安全检查 ···················· 22

项目 3　动力电池的维护与保养 ·································· 26

　　任务 3.1　动力电池的基本检查 ································ 26

　　任务 3.2　动力电池的拆卸与更换 ······························ 30

　　任务 3.3　电池管理系统的维护 ································ 34

项目 4　电机驱动系统的维护与保养 ······························ 38

　　任务 4.1　电机驱动系统的基本检查 ···························· 38

　　任务 4.2　电机控制系统的维护与保养 ·························· 42

　　任务 4.3　减速器油的检查与更换 ······························ 46

项目 5　空调系统的维护与保养 ·································· 50

　　任务 5.1　空调系统的基本检查 ································ 50

　　任务 5.2　空调制冷剂的加注与回收 ···························· 54

项目 6　外接充放电设备的使用与维护 ···························· 58

　　任务 6.1　车载充放电设备的使用与维护 ······················ 58

　　任务 6.2　商用充电桩的使用 ·································· 62

 **项目 1** 纯电动汽车维护基础知识

## 任务 1.1　电动汽车的基本认知

### 一、理论知识考核

| 学员姓名 | | 工作日期 | |
|---|---|---|---|
| 及格分数 | 30 分 | 评价得分 | |

1. 解释纯电动汽车的特点。（20 分）

1）零排放：

2）能源效率高：

3）结构简单：

4）噪声低：

5）节约能源：

2. 写出纯电动汽车的组成。（5 分）

3. 什么是电动汽车集中式驱动结构？（10 分）

4. 按照用途不同分类，纯电动汽车可以分为哪三种？（5 分）

5. 高压电控系统由哪几部分组成？（10 分）

我确认本次知识考评单上所实施的作业达到了必需的标准

考评员姓名（签名）：　　　　　　　　　日期：

# 纯电动汽车维护与保养工作页

## 二、任务实施考核

| 学员姓名 | | 工作日期 | |
|---|---|---|---|
| 车辆细节 | | | |
| 车辆登记号 | | 车辆 VIN 码 | |
| 制造厂商 | | 车型 | |

工作计划：在车间内以小组为单位，每人查阅选定的纯电动汽车车型资料，并在实车上介绍选定的纯电动汽车的优缺点，然后经过讨论帮助老张选定适合他的车型

详细写出实施的工作过程（必要时可在单独的纸上继续）：

| 个人防护装备： | 专业工具使用： | | |
|---|---|---|---|
| 技术数据明细： | 发现的其他问题： | | |

| 电池类型 | | | | |
|---|---|---|---|---|
| 续航里程 | | | | |
| 电机类型 | | | | |

| 我确认这张操作信息表上的操作流程是按照标准的要求进行的 | 考评员姓名 | | 考评日期 | |
|---|---|---|---|---|

## 三、实操学生互评

| 学员姓名 | | | | 工作日期 | | |
|---|---|---|---|---|---|---|
| 序号 | 评分项目 | 评分标准 | | | 分值 | 实得分 |
| 1 | 信息资讯 | 根据操作信息表中问题的完成情况进行评分,具体评分标准可根据信息表问题配备情况确定 | | | 10 | |
| 2 | 计划制订 | 任务工作计划制订;<br>任务工作计划步骤详细、条理清楚;<br>设计内容知识点针对性强、专业性强;<br>查阅过相应的教材、手册或资源;<br>撰写的文字表述准确、合理 | | | 20 | |
| 3 | 任务实施 | 作业过程 | 正确使用网络检索 | | 35 | |
| | | | 查阅车辆用户手册 | | | |
| | | | 撰写介绍材料 | | | |
| | | | 能够正确开启车辆车门 | | | |
| | | | 能够查阅车辆铭牌 | | | |
| | | | 学员清洁、整理工位,准备好相关的工具和物品 | | | |
| | | | 学生按队列形式站立在工位两边 | | | |
| | | | 检查车辆是否停放正确 | | | |
| | | | 能够正确介绍车辆特点 | | | |
| | | | 能够正确举升车辆(如有必要) | | | |
| | | 安全防护 | 将车辆停放在带绝缘垫的工位上(如有必要) | | | |
| | | | 放上维修的警示牌(如有必要) | | | |
| | | 7S 整理 | 下降举升机,放下车辆(如有必要) | | | |
| | | | 举升机复位(如有必要) | | | |
| | | | 车辆复位(如有必要) | | | |
| | | | 场地整理整顿 | | | |
| 4 | 检查评估 | 能够全面、仔细地对整个工作过程和结果进行检查评估;<br>能够填写工作任务检查单;<br>能够针对问题提出建设性的意见或建议 | | | 15 | |
| 5 | 工作文档 | 整理并上交所有文档;<br>文档内容填写规范,字迹清晰,表述准确;<br>文档内容填写完整 | | | 20 | |
| 总分 | | | | | 100 | |

## 四、理实考核评价

| 学员姓名 | | 工作日期 | |
|---|---|---|---|
| 序号 | 评估标准 | | |
| 1 | 1.1 能在了解和查看车辆时采用适当的保护用具；<br>1.2 能在了解和查看车辆时采用恰当和安全的操作方式 | | |
| 2 | 2.1 能解释纯电动汽车的特点；<br>2.2 了解纯电动汽车的组成 | | |
| 3 | 3.1 了解电动汽车集中式驱动结构；<br>3.2 了解分布式驱动结构电动汽车按照动力系统的组织构型 | | |
| 4 | 4.1 能够针对纯电动汽车查阅、选择正确的技术资料；<br>4.2 能够正确讲解一辆纯电动汽车的基本结构；<br>4.3 能够正确查看车辆内部结构 | | |

| 考评标准 | | 通过（打√） |
|---|---|---|
| 1 | 能够对纯电动汽车进行安全操作 | |
| 2 | 知道纯电动汽车的各系统和部件 | |
| 3 | 了解纯电动汽车分类 | |
| 4 | 能够做到正确地介绍纯电动汽车结构 | |

| 考评评价 | 打（√） | 当学员未通过时必须给出书面反馈（参考评估标准） |
|---|---|---|
| 通过，我确认学员的操作符合要求并且达到了本单元的评估标准 | | |
| 未通过，开展的操作没有达到要求和规定的评估标准（给学员书面反馈） | | |
| 考评员签字 | | |
| 考评日期 | | |
| 在考评员给出考评结果和考评反馈之后，以下部分由学员自行填写 | | |
| 兹声明上述工作由我本人完成，并收到考评老师的反馈 | 学员签名 | 确认日期 |

## 任务 1.2　电动汽车基本维护设施与设备的使用

### 一、理论知识考核

| 学员姓名 | | 工作日期 | |
|---|---|---|---|
| 及格分数 | 30 分 | 评价得分 | |

1. 简述工位安全防护设施的作用。（15 分）

1）绝缘地胶：

2）隔离栏：

3）灭火器：

4）自动体外除颤器：

2. 简述纯电动汽车维修工位设备布局的特点。（10 分）

3. 如何判断绝缘工具的损坏程度？（10 分）

4. 使用动力电池举升机应注意什么？（15 分）

我确认本次知识考评单上所实施的作业达到了必需的标准

考评员姓名（签名）：　　　　　　　　　日期：

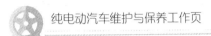

## 二、任务实施考核

| 学员姓名 | | 工作日期 | |
|---|---|---|---|
| 车辆细节 | | | |
| 车辆登记号 | | 车辆 VIN 码 | |
| 制造厂商 | | 车型 | |

工作计划：

1）找出下列项目并在车间平面图上标示出来：

● 健康与安全告示；

● 消防与紧急出口；

● 急救箱；

● 灭火设备（包括灭火器类型）；

● 废气抽排点。

2）检查设备及工具：

● 检查举升机及绝缘工具能否正常使用；

● 将车辆正确停放在举升机中间并安全举升

画出车间平面图（必要时可在单独的纸上继续）：

| 个人防护装备： | 专业工具使用： |
|---|---|

| 技术数据明细： | | 发现的其他问题： |
|---|---|---|
| 灭火器类型 | | |
| 龙门举升机最大举重质量 | | |

| 我确认这张操作信息表上的操作流程是按照标准的要求进行的 | 考评员姓名 | | 考评日期 | |
|---|---|---|---|---|

## 三、实操学生互评

| 序号 | 评分项目 | 评分标准 | | 分值 | 实得分 |
|---|---|---|---|---|---|
| | 学员姓名 | | 工作日期 | | |
| 1 | 信息资讯 | 根据操作信息表中问题的完成情况进行评分，具体评分标准可根据信息表问题配备情况确定 | | 10 | |
| 2 | 计划制订 | 任务工作计划制订；<br>任务工作计划步骤详细、条理清楚；<br>设计内容知识点针对性强、专业性强；<br>查阅过相应的教材、手册或资源；<br>撰写的文字表述准确、合理 | | 20 | |
| 3 | 任务实施 | 车间检查 | 寻找健康与安全告示标识 | 35 | |
| | | | 寻找消防与紧急出口 | | |
| | | | 寻找急救箱 | | |
| | | | 寻找灭火设备（包括灭火器类型） | | |
| | | | 寻找废气抽排点 | | |
| | | 作业过程 | 学员清洁、整理工位，准备好相关的工具和物品 | | |
| | | | 学生按队列形式站立在工位两边 | | |
| | | | 检查车辆是否停放正确 | | |
| | | | 安装场地隔离带 | | |
| | | | 安放安全警示牌 | | |
| | | | 在车顶安放好危险警示牌 | | |
| | | | 操作人员穿戴检查，必须要穿戴好工作服和绝缘鞋 | | |
| | | | 安装车轮挡块 | | |
| | | | 安全举升和下降车辆 | | |
| | | 安全防护 | 将车辆停放在带绝缘垫的工位上 | | |
| | | | 放上维修的警示牌 | | |
| | | 7S 整理 | 下降举升机，放下车辆 | | |
| | | | 举升机复位 | | |
| | | | 车辆复位 | | |
| | | | 场地整理整顿 | | |
| 4 | 检查评估 | 能够全面、仔细地对整个工作过程和结果进行检查评估；<br>能够填写工作任务检查单；<br>能够针对问题提出建设性的意见或建议 | | 15 | |
| 5 | 工作文档 | 整理并上交所有文档，完成车间平面图绘制；<br>文档内容填写规范，字迹清晰，表述准确；<br>文档内容填写完整 | | 20 | |
| 总分 | | | | 100 | |

## 四、理实考核评价

| 学员姓名 | | | 工作日期 | | |
|---|---|---|---|---|---|
| 序号 | | 评估标准 | | | |
| 1 | 1.1 在进入车间检查时采用适当的保护用具；<br>1.2 在了解、查看工具设备时采用恰当和安全的操作方式 | | | | |
| 2 | 2.1 能检查绝缘手套是否能够使用；<br>2.2 描述安全帽的正确使用 | | | | |
| 3 | 3.1 了解工位安全防护设施的作用；<br>3.2 了解纯电动汽车维修工位设备的布局特点 | | | | |
| 4 | 4.1 能够检查举升设备是否可以正常使用；<br>4.2 能够检查工具是否可以正常使用；<br>4.3 能够正确操作车辆举升机举升车辆 | | | | |

| | 考评标准 | 通过（打√） |
|---|---|---|
| 1 | 能够正确检查维修车间的设备设施 | |
| 2 | 知道安全防护设施的检查和使用 | |
| 3 | 能够检查举升机及维修工具 | |
| 4 | 能够正确操作车辆举升机举升车辆 | |

| 考评评价 | 打（√） | 当学员未通过时必须给出书面反馈（参考评估标准） | |
|---|---|---|---|
| 通过，我确认学员的操作符合要求并且达到了本单元的评估标准 | | | |
| 未通过，开展的操作没有达到要求和规定的评估标准（给学员书面反馈） | | | |
| 考评员签字 | | | |
| 考评日期 | | | |
| 在考评员给出考评结果和考评反馈之后，以下部分由学员自行填写 | | | |
| 兹声明上述工作由我本人完成，并收到考评老师的反馈 | 学员签名 | | 确认日期 | |

## 任务 1.3　电动汽车定期维护与保养项目认知

**一、理论知识考核**

| 学员姓名 | | 工作日期 | |
|---|---|---|---|
| 及格分数 | 30 分 | 评价得分 | |

1. 根据图片写出该指示灯名称。（27 分）

| | | |
|---|---|---|
| 🔋 | (ABS) EBD | 🚹 |
| | | |
| READY | ⛽🔌 | ≡D |
| | | |
| =OO= | §🔌 | 🚹 |
| | | |

2. 如图所示，请叙述安全气囊系统的工作过程。（8 分）

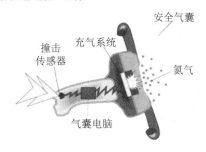

3. 简述帝豪 EV450 定期维护与保养标准中 B、C、D、R 的含义。（5 分）

4. 描述功率限制指示灯亮起时的含义。（5 分）

5. 描述胎压异常指示灯亮起时的含义。（5 分）

我确认本次知识考评单上所实施的作业达到了必需的标准

考评员姓名（签名）：                    日期：

## 二、任务实施考核

| 学员姓名 | | 工作日期 | |
|---|---|---|---|
| 车辆细节 | | | |
| 车辆登记号 | | 车辆 VIN 码 | |
| 制造厂商 | | 车型 | |

工作计划：
1) 正确地进行安全带检查；
2) 正确地进行气囊系统检查；
3) 正确地进行仪表系统检查

详细写出实施的工作过程（必要时可在单独的纸上继续）：

| 个人防护装备： | | 专业工具使用： | |
|---|---|---|---|
| 技术数据明细： | | 发现其他问题： | |
| | 电池类型 | | |
| | 续航里程 | | |
| | 电机类型 | | |
| 我确认这张操作信息表上的操作流程是按照标准的要求进行的 | | 考评员姓名 | | 考评日期 | |

## 三、实操学生互评

| 学员姓名 | | | 工作日期 | | | |
|---|---|---|---|---|---|---|
| 序号 | 评分项目 | | 评分标准 | | 分值 | 实得分 |
| 1 | 信息资讯 | | 根据操作信息表中问题的完成情况进行评分，具体评分标准可根据信息表问题配备情况确定 | | 10 | |
| 2 | 计划制订 | | 任务工作计划制订；<br>任务工作计划步骤详细、条理清楚；<br>设计内容知识点针对性强、专业性强；<br>查阅过相应的教材、手册或资源；<br>撰写的文字表述准确、合理 | | 20 | |
| 3 | 任务实施 | 作业前准备 | 学员清洁、整理工位，准备好相关的工具和物品 | | 35 | |
| | | | 学生按队列形式站立在工位两边 | | | |
| | | | 检查车辆是否停放正确 | | | |
| | | | 安装场地隔离带 | | | |
| | | | 安放安全警示牌 | | | |
| | | | 在车顶安放好危险警示牌 | | | |
| | | | 操作人员穿戴检查，必须要穿戴好工作服和绝缘鞋 | | | |
| | | | 安装车轮挡块 | | | |
| | | 安全防护 | 将车辆停放在带绝缘垫的工位上 | | | |
| | | | 放上维修的警示牌 | | | |
| | | 6 个月或<br>10000km 保养 | 正确地进行安全带检查 | | | |
| | | | 正确地进行气囊系统检查 | | | |
| | | | 正确地进行仪表系统检查 | | | |
| | | 7S 整理 | 下降举升机，放下车辆（如有必要则进行） | | | |
| | | | 安装动力电池维修开关（如有必要则进行） | | | |
| | | | 安装蓄电池负极 | | | |
| | | | 对电动汽车进行上电测试 | | | |
| | | | 整理整顿 | | | |
| 4 | 检查评估 | | 能够全面、仔细地对整个工作过程和结果进行检查评估；<br>能够填写工作任务检查单；<br>能够针对问题提出建设性的意见或建议 | | 15 | |
| 5 | 工作文档 | | 整理并上交所有文档；<br>文档内容填写规范，字迹清晰，表述准确；<br>文档内容填写完整 | | 20 | |
| 总分 | | | | | 100 | |

## 四、理实考核评价

| 学员姓名 | | 工作日期 | |
|---|---|---|---|
| 序号 | 评估标准 | | |
| 1 | 1.1　能在车辆保养时采用适当的保护用具；<br>1.2　能在车辆保养时采用恰当和安全的操作方式 | | |
| 2 | 2.1　能解释安全带的作用；<br>2.2　了解安全气囊系统的工作过程 | | |
| 3 | 3.1　能准确写出仪表指示灯名称；<br>3.2　了解仪表指示灯含义 | | |
| 4 | 4.1　在对纯电动汽车保养时查阅并选择正确的技术资料；<br>4.2　正确地进行安全带、气囊系统、仪表系统检查；<br>4.3　能够正确检查车内外零部件工作状况 | | |
| | 考评标准 | | 通过（打√） |
| 1 | 能够对纯电动汽车进行安全操作 | | |
| 2 | 知道纯电动汽车指示灯名称及其含义 | | |
| 3 | 了解纯电动汽车安全系统的作用及工作过程 | | |
| 4 | 能够安全、正确地实施纯电动汽车保养 | | |
| 考评评价 | 打（√） | 当学员未通过时必须给出书面反馈（参考评估标准） | |
| 通过，我确认学员的操作符合要求并且达到了本单元的评估标准 | | | |
| 未通过，开展的操作没有达到要求和规定的评估标准（给学员书面反馈） | | | |
| 考评员签字 | | | |
| 考评日期 | | | |
| 在考评员给出考评结果和考评反馈之后，以下部分由学员自行填写 | | | |
| 兹声明上述工作由我本人完成，并收到考评老师的反馈 | 学员签名 | | 确认日期 | |

## 任务 2.1　电动汽车车辆作业前准备

### 一、理论知识考核

| 学员姓名 | | 工作日期 | |
|---|---|---|---|
| 及格分数 | 30 分 | 评价得分 | |

1. 电的三个要素是什么？（10 分）

2. 写出欧姆定律。（10 分）

3. 什么是直流电？什么是交流电？（10 分）

4. 触电方式有哪几种？（10 分）

5. 电流对人体有哪些伤害？（10 分）

我确认本次知识考评单上所实施的作业达到了必需的标准

考评员姓名（签名）：　　　　　　　日期：

## 二、任务实施考核

| 学员姓名 | | 工作日期 | |
|---|---|---|---|
| 车辆细节 | | | |
| 车辆登记号 | | 车辆 VIN 码 | |
| 制造厂商 | | 车型 | |

工作计划：完成电动汽车车辆作业前准备

详细写出实施的工作过程（必要时可在单独的纸上继续）：

| 个人防护装备： | | 专业工具使用： | |
|---|---|---|---|
| 技术数据明细： | | 发现其他问题： | |
| | 电池类型 | | |
| | 续航里程 | | |
| | 电机类型 | | |
| 我确认这张操作信息表上的操作流程是按照标准的要求进行的 · | | 考评员姓名 | | 考评日期 | |

## 三、实操学生互评

| 序号 | 评分项目 | 评分标准 | | 分值 | 实得分 |
|---|---|---|---|---|---|
| | 学员姓名 | | 工作日期 | | |
| 1 | 信息资讯 | 根据操作信息表中问题的完成情况进行评分，具体评分标准可根据信息表问题配备情况确定 | | 10 | |
| 2 | 计划制订 | 任务工作计划制订；<br>任务工作计划步骤详细、条理清楚；<br>设计内容知识点针对性强、专业性强；<br>查阅过相应的教材、手册或资源；<br>撰写的文字表述准确、合理 | | 20 | |
| 3 | 任务实施 | 作业前准备 | 学员清洁、整理工位，准备好相关的工具和物品 | 35 | |
| | | | 学生按队列形式站立在工位两边 | | |
| | | | 操作人员穿戴检查，必须要穿戴好工作服和绝缘鞋 | | |
| | | | 检查车辆是否停放正确 | | |
| | | | 安装场地隔离带 | | |
| | | | 安放安全警示牌 | | |
| | | | 在车顶安放好危险警示牌 | | |
| | | | 检查灭火器压力值（水基、干粉） | | |
| | | | 安装车轮挡块 | | |
| | | | 正确检查车身状况 | | |
| | | | 正确放置绝缘垫于车辆下方 | | |
| | | | 安装车内三件套 | | |
| | | | 安装前格栅布和翼子板布 | | |
| | | 检查确认 | 正确检查并记录轮胎胎压 | | |
| | | | 佩戴绝缘手套和护目镜 | | |
| | | | 记录车辆型号、车辆识别码、电机型号 | | |
| | | | 检查确认电子手刹和挡位 | | |
| | | | 电池容量、工作电压、里程表读数 | | |
| | | 7S 整理 | 整理清洁 | | |
| 4 | 检查评估 | 能够全面、仔细地对整个工作过程和结果进行检查评估；<br>能够填写工作任务检查单；<br>能够针对问题提出建设性的意见或建议 | | 15 | |
| 5 | 工作文档 | 整理并上交所有文档，包括学习任务单、信息单、计划单、记录单、检查单和交接单；<br>文档内容填写规范，字迹清晰，表述准确；<br>文档内容填写完整 | | 20 | |
| 总分 | | | | 100 | |

## 四、理实考核评价

| 学员姓名 | | 工作日期 | |
|---|---|---|---|
| 序号 | 评估标准 | | |
| 1 | 1.1 能在了解、查看车辆时采用适当的保护用具；<br>1.2 能在了解、查看车辆时采用恰当和安全的操作方式 | | |
| 2 | 2.1 能解释电的三个要素；<br>2.2 了解直流电和交流电 | | |
| 3 | 3.1 了解电流对人体的危害；<br>3.2 了解新能源汽车电气安全 | | |
| 4 | 4.1 能够查阅、选择正确的技术资料；<br>4.2 能够正确展示电动汽车车辆作业前准备；<br>4.3 能够按照电动汽车使用与维护安全要求操作 | | |
| 考评标准 | | | 通过（打√） |
| 1 | 能够对纯电动汽车进行安全操作 | | |
| 2 | 了解电的相关知识 | | |
| 3 | 了解新能源汽车电气安全 | | |
| 4 | 能够安全、正确地展示电动汽车车辆作业前准备 | | |
| 考评评价 | 打（√） | 当学员未通过时必须给出书面反馈（参考评估标准） | |
| 通过，我确认学员的操作符合要求并且达到了本单元的评估标准 | | | |
| 未通过，开展的操作没有达到要求和规定的评估标准（给学员书面反馈） | | | |
| 考评员签字 | | | |
| 考评日期 | | | |
| 在考评员给出考评结果和考评反馈之后，以下部分由学员自行填写 | | | |
| 兹声明上述工作由我本人完成，并收到考评老师的反馈 | 学员签名 | | 确认日期 |

# 任务 2.2  作业前操作人员安全防护工作

## 一、理论知识考核

| 学员姓名 | | 工作日期 | |
|---|---|---|---|
| 及格分数 | 30 分 | 评价得分 | |

1. 写出 4 种绝缘维修工具名称。（10 分）

2. 写出绝缘检修仪表名称。（10 分）

3. 写出个人防护用具名称。（10 分）

4. 描述绝缘手套使用规范。（10 分）

5. 描述绝缘鞋使用规范。（10 分）

我确认本次知识考评单上所实施的作业达到了必需的标准

考评员姓名（签名）：　　　　　　　　　　日期：

## 二、任务实施考核

| 学员姓名 | | | 工作日期 | |
|---|---|---|---|---|
| 车辆细节 | | | | |
| 车辆登记号 | | | 车辆 VIN 码 | |
| 制造厂商 | | | 车型 | |
| 工作计划：完成电动汽车车辆作业前操作人员安全防护工作 | | | | |
| 详细写出实施的工作过程（必要时可在单独的纸上继续）： | | | | |

| 个人防护装备： | | 专业工具使用： | | |
|---|---|---|---|---|
| 技术数据明细： | | 发现的其他问题： | | |
| | 电池类型 | | | |
| | 续航里程 | | | |
| | 电机类型 | | | |
| 我确认这张操作信息表上的操作流程是按照标准的要求进行的 | | 考评员姓名 | | 考评日期 | |

## 三、实操学生互评

| 学员姓名 | | | 工作日期 | | | |
|---|---|---|---|---|---|---|
| 序号 | 评分项目 | 评分标准 | | | 分值 | 实得分 |
| 1 | 信息资讯 | 根据操作信息表中问题的完成情况进行评分，具体评分标准可根据信息表问题配备情况确定 | | | 10 | |
| 2 | 计划制订 | 任务工作计划制订；<br>任务工作计划步骤详细、条理清楚；<br>设计内容知识点针对性强、专业性强；<br>查阅过相应的教材、手册或资源；<br>撰写的文字表述准确、合理 | | | 20 | |
| 3 | 任务实施 | 作业前准备 | 学员清洁、整理工位，准备好相关的工具和物品 | | 35 | |
| | | | 学生按队列形式站立在工位两边 | | | |
| | | | 安全防护准备<br>——穿戴绝缘鞋（进入工位前提前穿戴好） | | | |
| | | | 安全防护准备<br>——安装车轮挡块，设置隔离栏和警示牌 | | | |
| | | 检查确认 | 检查确认<br>——检查灭火器压力值（水基、干粉） | | | |
| | | | 检查确认<br>——检查绝缘手套 | | | |
| | | | 检查确认<br>——检查护目镜 | | | |
| | | | 检查确认<br>——检查安全帽 | | | |
| | | | 检查确认<br>——检查绝缘工具套装 | | | |
| | | | 检查确认<br>——检查仪器仪表 | | | |
| | | | 检查确认<br>——选择4个点检测绝缘垫绝缘性 | | | |
| | | 7S整理 | 7S整理 | | | |
| 4 | 检查评估 | 能够全面、仔细地对整个工作过程和结果进行检查评估；<br>能够填写工作任务检查单；<br>能够针对问题提出建设性的意见或建议 | | | 15 | |
| 5 | 工作文档 | 整理并上交所有文档，包括学习任务单、信息单、计划单、记录单、检查单和交接单；<br>文档内容填写规范，字迹清晰，表述准确；<br>文档内容填写完整 | | | 20 | |
| 总分 | | | | | 100 | |

## 四、理实考核评价

| 学员姓名 | | | 工作日期 | |
|---|---|---|---|---|
| 序号 | 评估标准 | | | |
| 1 | 1.1 能在了解、查看车辆时采用适当的保护用具；<br>1.2 能在了解、查看车辆时采用恰当和安全的操作方式 | | | |
| 2 | 2.1 了解绝缘维修工具的使用；<br>2.2 了解绝缘检修仪表的使用 | | | |
| 3 | 3.1 了解个人防护用具检查；<br>3.2 了解个人防护用具使用 | | | |
| 4 | 4.1 能够查阅、选择正确的技术资料；<br>4.2 能够按照安全要求完成操作人员安全防护工作 | | | |
| | 考评标准 | | 通过（打√） | |
| 1 | 能够对纯电动汽车进行安全操作 | | | |
| 2 | 了解绝缘维修工具、仪表的使用 | | | |
| 3 | 掌握个人防护用具检查及使用 | | | |
| 4 | 能够安全、正确地展示操作人员安全防护工作 | | | |

| 考评评价 | 打（√） | 当学员未通过时必须给出书面反馈（参考评估标准） |
|---|---|---|
| 通过，我确认学员的操作符合要求并且达到了本单元的评估标准 | | |
| 未通过，开展的操作没有达到要求和规定的评估标准（给学员书面反馈） | | |
| 考评员签字 | | |
| 考评日期 | | |
| 在考评员给出考评结果和考评反馈之后，以下部分由学员自行填写 | | |

| 兹声明上述工作由我本人完成，并收到考评老师的反馈 | 学员签名 | | 确认日期 | |
|---|---|---|---|---|

# 任务 2.3  电动汽车高压部件的绝缘安全检查

## 一、理论知识考核

| 学员姓名 | | 工作日期 | |
|---|---|---|---|
| 及格分数 | 30 分 | 评价得分 | |

1. 简述新能源汽车电压的安全级别。（10 分）

2. 简述新能源汽车的高压类型。（10 分）

3. 简述高压警示标识及颜色。（10 分）

4. 什么是手动维修开关？（10 分）

5. 什么是动力电池？（10 分）

我确认本次知识考评单上所实施的作业达到了必需的标准

考评员姓名（签名）：                          日期：

## 二、任务实施考核

| 学员姓名 | | | 工作日期 | |
|---|---|---|---|---|
| 车辆细节 | | | | |
| 车辆登记号 | | | 车辆 VIN 码 | |
| 制造厂商 | | | 车型 | |
| 工作计划：完成电动汽车高压部件的绝缘安全检查 | | | | |
| 详细写出实施的工作过程（必要时可在单独的纸上继续）： | | | | |

| 个人防护装备： | | 专业工具使用： | |
|---|---|---|---|
| 技术数据明细： | | 发现的其他问题： | |
| 电池类型 | | | |
| 续航里程 | | | |
| 电机类型 | | | |

| 我确认这张操作信息表上的操作流程是按照标准的要求进行的 | 考评员姓名 | | 考评日期 | |
|---|---|---|---|---|

## 三、实操学生互评

| 学员姓名 | | | 工作日期 | | | |
|---|---|---|---|---|---|---|
| 序号 | 评分项目 | 评分标准 | | | 分值 | 实得分 |
| 1 | 信息资讯 | 根据操作信息表中问题的完成情况进行评分，具体评分标准可根据信息表问题配备情况确定 | | | 10 | |
| 2 | 计划制订 | 任务工作计划制订；<br>任务工作计划步骤详细、条理清楚；<br>设计内容知识点针对性强、专业性强；<br>查阅过相应的教材、手册或资源；<br>撰写的文字表述准确、合理 | | | 20 | |
| 3 | 任务实施 | 举升位置 1（举升机在最低位置） | 作业准备：安全防护 | | 35 | |
| | | | 检查作业：冷却系统 | | | |
| | | | 检查作业：高压组件 | | | |
| | | | 检查作业：充电系统 | | | |
| | | | 检测作业：低压电源系统 | | | |
| | | | 检查作业：仪表板 | | | |
| | | | 检查作业：动力电池 | | | |
| | | | 检查作业：故障诊断 | | | |
| | | | 检查作业：高压系统 | | | |
| | | 举升位置 2（升起举升机至合适高度） | 检查作业：动力电池系统 | | | |
| | | | 检查作业：动力总成系统 | | | |
| | | | 检查作业：高压系统（含附件系统） | | | |
| | | 举升位置 3（落下举升机至车轮接地） | 检查作业：高压系统（含附件系统） | | | |
| | | 7S 整理 | 整理作业 | | | |
| 4 | 检查评估 | 能够全面、仔细地对整个工作过程和结果进行检查评估；<br>能够填写工作任务检查单；<br>能够针对问题提出建设性的意见或建议 | | | 15 | |
| 5 | 工作文档 | 整理并上交所有文档，包括学习任务单、信息单、计划单、记录单、检查单和交接单；<br>文档内容填写规范，字迹清晰，表述准确；<br>文档内容填写完整 | | | 20 | |
| 总分 | | | | | 100 | |

## 四、理实考核评价

| 学员姓名 | | 工作日期 | |
|---|---|---|---|
| 序号 | 评估标准 | | |
| 1 | 1.1 能够在了解、查看车辆时采用适当的保护用具；<br>1.2 能够在了解、查看车辆时采用恰当和安全的操作方式 | | |
| 2 | 2.1 了解新能源汽车高压电的类型；<br>2.2 了解新能源汽车高压电的标识 | | |
| 3 | 3.1 了解新能源汽车高压部件的位置；<br>3.2 了解新能源汽车高压部件的作用 | | |
| 4 | 4.1 能够查阅、选择正确的技术资料；<br>4.2 掌握高压安全检测与管理要求；<br>4.3 能够按照安全要求完成电动汽车高压部件的绝缘安全检查 | | |

| 考评标准 | 通过（打√） |
|---|---|
| 1 | 了解新能源汽车高压电的类型和标识 | |
| 2 | 了解新能源汽车高压部件的位置和作用 | |
| 3 | 掌握高压安全检测与管理要求 | |
| 4 | 能够安全、正确地进行电动汽车高压部件的绝缘安全检查 | |

| 考评评价 | 打（√） | 当学员未通过时必须给出书面反馈（参考评估标准） |
|---|---|---|
| 通过，我确认学员的操作符合要求并且达到了本单元的评估标准 | | |
| 未通过，开展的操作没有达到要求和规定的评估标准（给学员书面反馈） | | |
| 考评员签字 | | |
| 考评日期 | | |
| 在考评员给出考评结果和考评反馈之后，以下部分由学员自行填写 | | |

| 兹声明上述工作由我本人完成，并收到考评老师的反馈 | 学员签名 | | 确认日期 | |
|---|---|---|---|---|

## 任务 3.1　动力电池的基本检查

### 一、理论知识考核

| 学员姓名 | | 工作日期 | |
|---|---|---|---|
| 及格分数 | 30 分 | 评价得分 | |

1. 新能源汽车动力电池安装位置考虑的因素有哪些？（20分）

1）_____。

2）_____。

3）_____。

4）_____。

2. 最适合装动力电池的位置是 _____。（20分）

3. 在括号内填入车辆电池的外形特征。（20分）

北汽 EV200　（　　　）

特斯拉（　　　）

我确认本次知识考评单上所实施的作业达到了必需的标准

考评员姓名（签名）：　　　　　　　　　　　　日期：

## 二、任务实施考核

| 学员姓名 | | 工作日期 | |
|---|---|---|---|
| 车辆细节 | | | |
| 车辆登记号 | | 车辆 VIN 码 | |
| 制造厂商 | | 车型 | |

工作计划：

1）规范电动汽车动力电池的维护作业项目；

2）正确填写工作单

详细写出实施的工作过程（必要时可在单独的纸上继续）：

| 电动汽车动力电池系统 LITHIUM ION PACK | |
|---|---|
| 额定电压 RATED VOLTAGE | |
| 额定容量 RATED CAPACIT | |
| 总容量 TOTAL ENERGY | |
| 质量 WEIGHT | |
| 尺寸 DIMENTION | |
| 型号 PRODCTION NAME | |
| 生产日期 DAT | |

| 个人防护装备： | 专业工具使用： |
|---|---|
| 技术数据明细： | 发现的其他问题： |

| | | | |
|---|---|---|---|
| 电池类型 | | | |
| 续航里程 | | | |
| 电机类型 | | | |
| 我确认这张操作信息表上的操作流程是按照标准的要求进行的 | 考评员姓名 | | 考评日期 | |

## 三、实操学生互评

| 序号 | 评分项目 | 评分标准 | | 分值 | 实得分 |
|---|---|---|---|---|---|
| | 学员姓名 | | 工作日期 | | |
| 1 | 信息资讯 | 根据操作信息表中问题的完成情况进行评分,具体评分标准可根据信息表问题配备情况确定 | | 10 | |
| 2 | 计划制订 | 任务工作计划制订;<br>任务工作计划步骤详细、条理清楚;<br>设计内容知识点针对性强、专业性强;<br>查阅过相应的教材、手册或资源;<br>撰写的文字表述准确、合理 | | 20 | |
| 3 | 任务实施 | 作业前准备 | 学员清洁、整理工位,准备好相关的工具和物品 | 35 | |
| | | | 学生按队列形式站立在工位两边 | | |
| | | | 检查车辆是否停放正确 | | |
| | | | 安装场地隔离带 | | |
| | | | 安放安全警示牌 | | |
| | | | 在车顶安放好危险警示牌 | | |
| | | | 操作人员穿戴检查,必须要穿戴好工作服和绝缘鞋 | | |
| | | | 安装车轮挡块 | | |
| | | 安全防护 | 断开低压电池 | | |
| | | | 用绝缘胶带包裹蓄电池负极接线端子的金属部件 | | |
| | | | 放上断电修理的警示牌 | | |
| | | | 打开车辆的中央储物箱 | | |
| | | | 拆卸高压维修开关 | | |
| | | 举升车辆 | 举升举升机,检查举升机的锁止是否正常 | | |
| | | | 检查举升机的高度调整垫块转动是否灵活 | | |
| | | | 检查举升机摆臂伸缩是否正常 | | |
| | | | 检查举升机摆臂摆动是否正常 | | |
| | | | 把举升机调整垫块放置在车辆的正确位置 | | |
| | | | 把举升机举升至10cm高度左右 | | |
| | | | 将车辆举升到合适位置 | | |
| | | 动力电池的基本检查 | 检查动力电池线束护板 | | |
| | | | 检查动力电池低压控制线束插件外观 | | |
| | | | 检查动力电池高压线缆动力电池端插件外观 | | |
| | | | 确定动力电池型号 | | |
| | | | 记录动力电池型号,并完成相关的任务 | | |
| | | 7S整理 | 下降举升机,放下车辆 | | |
| | | | 安装动力电池维修开关 | | |
| | | | 安装蓄电池负极 | | |
| | | | 对电动汽车进行上电测试 | | |
| | | | 整理整顿 | | |
| 4 | 检查评估 | 能够全面、仔细地对整个工作过程和结果进行检查评估;<br>能够填写工作任务检查单;<br>能够针对问题提出建设性的意见或建议 | | 15 | |
| 5 | 工作文档 | 整理并上交所有文档,包括学习任务单、信息单、计划单、记录单、检查单和交接单;<br>文档内容填写规范,字迹清晰,表述准确;<br>文档内容填写完整 | | 20 | |
| 总分 | | | | 100 | |

## 四、理实考核评价

| 学员姓名 | | | 工作日期 | |
|---|---|---|---|---|
| 序号 | 评估标准 | | | |
| 1 | 1.1 能够在动力电池检查时采用适当的保护用具;<br>1.2 能够在动力电池检查时采用恰当和安全的操作方式 | | | |
| 2 | 2.1 认识动力电池;<br>2.2 了解动力电池外形的基本特征及安装位置 | | | |
| 3 | 3.1 掌握动力电池的基本结构;<br>3.2 理解动力电池的基本作用 | | | |
| 4 | 在对纯电动汽车动力电池检查时,能正确查阅技术资料 | | | |
| 考评标准 | | | | 通过(打√) |
| 1 | 在对动力电池检查时能够进行安全操作 | | | |
| 2 | 知道动力电池各部件的名称及其含义 | | | |
| 3 | 了解动力电池的作用及工作过程 | | | |
| 4 | 能够安全、正确地对动力电池进行基本检查 | | | |

| 考评评价 | 打(√) | 当学员未通过时必须给出书面反馈(参考评估标准) |
|---|---|---|
| 通过,我确认学员的操作符合要求并且达到了本单元的评估标准 | | |
| 未通过,开展的操作没有达到要求和规定的评估标准(给学员书面反馈) | | |
| 考评员签字 | | |
| 考评日期 | | |
| 在考评员给出考评结果和考评反馈之后,以下部分由学员自行填写 | | |

| 兹声明上述工作由我本人完成,并收到考评老师的反馈 | 学员签名 | | 确认日期 | |
|---|---|---|---|---|

# 任务 3.2 动力电池的拆卸与更换

## 一、理论知识考核

| 学员姓名 | | 工作日期 | |
|---|---|---|---|
| 及格分数 | 30分 | 评价得分 | |

1. 填空题。（10分）

1）动力电池系统主要由 _____ 、电池管理系统、动力电池辅助加热装置、_____ 、高压正极和_____ 、加热继电器、预充继电器、动力电池低压控制信号插口、动力电池箱接插口等组成。

2）在进行高压系统维修时，_____断开高压连接，保护维修人员安全；在高压系统出现 _____ 时，内置熔断器熔断，保护 _____ 安全。

3）EV160 纯电动汽车上主要有 4 种继电器，分别是正极继电器、负极继电器、_____ 和 _____ ，预充电电阻。

2. 单选题。（10分）

1）动力电池是为什么部件提供能量的？（　　　）

A. 电动机　　　　　　　　B. 起动机

C. 变速机构　　　　　　　D. 车轮

2）动力电池中的单体电芯可以实现哪两种能量之间的转换？（　　　）

A. 机械能与电能　　　　　B. 化学能与电能

C. 机械能与化学能　　　　D. 电能与热能

3. 判断题。（15分）

1）当纯电动汽车外接充电设备后，其动力电池是将外界充电设备输送过来的能量储存起来。（　　　）

2）当动力电池处于给用电设备供电时，电池管理系统通过 CAN 线与整车控制器（VCU）和电机控制器之间进行通信，对动力电池组件进行综合管理。（　　　）

3）当动力电池温度低于 5℃时，电池管理系统会切断动力电池与外接充电设备的联系停止充电。（　　　）

4. 看图填空。（25分）

我确认本次知识考评单上所实施的作业达到了必需的标准

考评员姓名（签名）：　　　　　　　　　　　　日期：

## 二、任务实施考核

| 学员姓名 | | 工作日期 | |
|---|---|---|---|
| 车辆细节 | | | |
| 车辆登记号 | | 车辆 VIN 码 | |
| 制造厂商 | | 车型 | |

工作计划：

1）规范电动汽车动力电池的拆卸与更换；

2）正确填写工作单

详细写出实施的工作过程（必要时可在单独的纸上继续）：

新能源汽车动力电池续航里程下降，车辆行驶数达到 50000km，行驶时间已经超过 2 年。

一、作业前准备

1）检查设置安全隔离，并放置安全警示牌＿＿＿＿＿＿＿＿＿＿＿＿＿＿＿＿＿＿＿＿＿。

2）检查并穿戴个人安全防护用品＿＿＿＿＿＿＿＿＿＿＿＿＿＿＿＿＿＿＿＿＿＿＿＿＿。

3）检查并调校设备仪器＿＿＿＿＿＿＿＿＿＿＿＿＿＿＿＿＿＿＿＿＿＿＿＿＿＿＿＿＿。

4）检查绝缘工具＿＿＿＿＿＿＿＿＿＿＿＿＿＿＿＿＿＿＿＿＿＿＿＿＿＿＿＿＿＿＿＿。

5）实施车辆防护＿＿＿＿＿＿＿＿＿＿＿＿＿＿＿＿＿＿＿＿＿＿＿＿＿＿＿＿＿＿＿＿。

6）检查举升机＿＿＿＿＿＿＿＿＿＿＿＿＿＿＿＿＿＿＿＿＿＿＿＿＿＿＿＿＿＿＿＿＿。

7）检查动力电池举升机＿＿＿＿＿＿＿＿＿＿＿＿＿＿＿＿＿＿＿＿＿＿＿＿＿＿＿＿＿。

8）检测绝缘垫对地绝缘性能＿＿＿＿＿＿＿＿＿＿＿＿＿＿＿＿＿＿＿＿＿＿＿＿＿＿＿。

二、初步检查

挡位情况：＿＿＿＿＿＿＿＿＿ 仪表显示故障：＿＿＿＿＿＿＿＿＿ 故障码：＿＿＿＿＿＿＿

故障码说明：＿＿＿＿＿＿＿＿＿＿

| 个人防护装备： | 专业工具使用： | | |
|---|---|---|---|
| **技术数据明细：** | **发现的其他问题：** | | |
| 电池类型 | | | |
| 续航里程 | | | |
| 电机类型 | | | |
| 我确认这张操作信息表上的操作流程是按照标准的要求进行的 | 考评员姓名 | | 考评日期 | |

## 三、实操学生互评

| 序号 | 评分项目 | 评分标准 | | 分值 | 实得分 |
|---|---|---|---|---|---|
| | 学员姓名 | | 工作日期 | | |
| 1 | 信息资讯 | 根据操作信息表中问题的完成情况进行评分，具体评分标准可根据信息表问题配备情况确定 | | 10 | |
| 2 | 计划制订 | 任务工作计划制订；<br>任务工作计划步骤详细、条理清楚；<br>设计内容知识点针对性强、专业性强；<br>查阅过相应的教材、手册或资源；<br>撰写的文字表述准确、合理 | | 20 | |
| 3 | 任务实施 | 作业前准备 | 学员清洁、整理工位，准备好相关的工具和物品 | 35 | |
| | | | 学生按队列形式站立在工位两边 | | |
| | | | 检查车辆是否停放正确 | | |
| | | | 安装场地隔离带 | | |
| | | | 安放安全警示牌 | | |
| | | | 在车顶安放好危险警示牌 | | |
| | | | 操作人员穿戴检查，必须要穿戴好工作服和绝缘鞋 | | |
| | | | 安装车轮挡块 | | |
| | | 电动汽车的高压电断电 | 断开低压电池 | | |
| | | | 用绝缘胶带包裹蓄电池负极接线端子的金属部件 | | |
| | | | 放上断电修理的警示牌 | | |
| | | | 打开车辆的中央储物箱 | | |
| | | | 拆卸高压维修开关 | | |
| | | 电动汽车的高压接口验电和放电操作 | 仪器的开路和断路检查 | | |
| | | | 断开动力电池低高压电缆 | | |
| | | | 高压线缆验电操作 | | |
| | | | 高压线缆的放电操作 | | |
| | | | 高压线缆再次验电操作 | | |
| | | 拆卸动力电池 | 排放动力电池冷却液 | | |
| | | | 举升动力电池举升车 | | |
| | | | 拆卸动力电池 | | |
| | | | 降下动力电池举升车 | | |
| | | 安装动力电池 | 检查新的动力电池 | | |
| | | | 安装动力电池 | | |
| | | | 安装动力电池固定螺栓 | | |
| | | | 安装动力电池高低压线束 | | |
| | | | 对动力电池做绝缘检查 | | |
| | | 7S整理 | 下降举升机，放下车辆 | | |
| | | | 安装动力电池维修开关 | | |
| | | | 安装蓄电池负极 | | |
| | | | 对电动汽车进行上电测试 | | |
| | | | 整理整顿 | | |
| 4 | 检查评估 | 能够全面、仔细地对整个工作过程和结果进行检查评估；<br>能够填写工作任务检查单；<br>能够针对问题提出建设性的意见或建议 | | 15 | |
| 5 | 工作文档 | 整理并上交所有文档，包括学习任务单、信息单、计划单、记录单、检查单和交接单；<br>文档内容填写规范，字迹清晰，表述准确；<br>文档填写内容完整 | | 20 | |
| | | 总分 | | 100 | |

注：1）通过对电动汽车动力电池更换原因的分析，让学生在实车中具有是否需要更换电池的实际判断能力。

2）通过动力电池更换的步骤、内容和技术标准的学习，学生能根据维修手册，在实车上安全规范地更换电动汽车动力电池。

3）通过对电动汽车动力电池更换后的检验标准的学习，学生能在实车上对更换后的动力电池进行检验。

## 四、理实考核评价

| 学员姓名 | | | 工作日期 | |
|---|---|---|---|---|
| 序号 | 评估标准 | | | |
| 1 | 1.1  能够在动力电池更换时采用适当的保护用具; <br> 1.2  能够在动力电池更换时采用恰当和安全的操作方式 | | | |
| 2 | 通过对电动汽车动力电池更换原因的分析,学生能判断实车是否需要更换动力电池 | | | |
| 3 | 通过动力电池更换的步骤、内容和技术标准的学习,学生能根据维修手册,在实车上安全、规范地更换电动汽车动力电池 | | | |
| 4 | 通过对电动汽车动力电池更换后的检验标准的学习,学生能在实车上对更换后的动力电池进行检验 | | | |
| | 考评标准 | | | 通过(打√) |
| 1 | 人员安全防护措施、车辆安全防护措施 | | | |
| 2 | 动力电池更换设备的正确使用 | | | |
| 3 | 对动力电池是否需要更换做出正确的判断 | | | |
| 4 | 安全、规范地完成动力电池的拆卸、更换、检测 | | | |
| 考评评价 | 打(√) | | 当学员未通过时必须给出书面反馈(参考评估标准) | |
| 通过,我确认学员的操作符合要求并且达到了本单元的评估标准 | | | | |
| 未通过,开展的操作没有达到要求和规定的评估标准(给学员书面反馈) | | | | |
| 考评员签字 | | | | |
| 考评日期 | | | | |
| 在考评员给出考评结果和考评反馈之后,以下部分由学员自行填写 | | | | |
| 兹声明上述工作由我本人完成,并收到考评老师的反馈 | 学员签名 | | 确认日期 | |

# 任务 3.3  电池管理系统的维护

## 一、理论知识考核

| 学员姓名 | | 工作日期 | |
|---|---|---|---|
| 及格分数 | 30 分 | 评价得分 | |

1. 填空题。（20 分）

1）电池管理系统的组成：＿＿＿＿＿＿＿＿、＿＿＿＿＿＿＿＿、＿＿＿＿＿＿＿＿、＿＿＿＿＿＿＿＿、＿＿＿＿＿＿＿＿、＿＿＿＿＿＿＿＿、＿＿＿＿＿＿＿＿。

2）电池过充将破坏正极结构而影响性能和寿命，还会使电解液分解，使内部压力过高而导致 ＿＿＿＿＿＿＿＿、变形问题。

3）＿＿＿＿＿＿＿＿检测通过估算电池的剩余容量，为系统进行相应的控制提供依据和为驾驶员合理安排驾驶提供参考。

2. 判断题。（10 分）

电池过充将破坏正极结构而影响性能和寿命，过充电还会使电解液分解。（　　）

3. 单选题。（10 分）

动力电池管理系统 SoC 估算中的 SoC 含义是指（　　）。

A. 荷电状态　　　　　　　B. 均衡控制

C. 充放电管理　　　　　　D. 绝缘检测

4. 看图填空。（20 分）

电池管理系统

电池状态监测　　电池状态分析　　＿＿＿＿　　能量控制管理　　＿＿＿＿

SOC检测　电池电压监测　电池电流监测　温度监测　电池的剩余电量评估　电池的老化程度评估　短路保护　电池充电控制管理　电池放电控制管理　电池信息的显示　系统内外信息的交互　电池历史信息存储

我确认本次知识考评单上所实施的作业达到了必需的标准

考评员姓名（签名）：　　　　　　　　　　　　日期：

## 二、任务实施考核

| 学员姓名 | | 工作日期 | |
|---|---|---|---|
| 车辆细节 | | | |
| 车辆登记号 | | 车辆 VIN 码 | |
| 制造厂商 | | 车型 | |

工作计划：
1）规范电动汽车电池管理系统的维护作业项目；
2）正确填写工作单

详细写出实施的工作过程（必要时可在单独的纸上继续）：

1. 动力电池总成的基本测试（外部）。

| 项目 | 记录 | | 缺陷描述 |
|---|---|---|---|
| 动力电池低压插件外观及插件内部 | 正常 | 有缺陷 | |
| 动力电池高压插件外观及插件内部 | 正常 | 有缺陷 | |
| 动力电池输出母线端口电压 | _____V | 是否合格 | |
| 动力电池外观检查与清洁 | 正常 | 有缺陷 | |
| 动力电池连接螺栓检查 | 正常 | 有缺陷 | |
| 动力电池总成密封测试 | 正常 | 有缺陷 | |
| 绝缘检测 | | | |
| 等电位检测（电池） | | | |

2. 动力电池总成内部单体电池的基本测试（内部）。

| 项目 | 记录 | | 缺陷描述 |
|---|---|---|---|
| 动力电池内部低压插件外观及插件内部 | 正常 | 有缺陷 | |
| 动力电池内部高压插件外观及插件内部 | 正常 | 有缺陷 | |
| 动力电池单体电池组输出端口电压 | _____V | 是否合格 | |
| 动力电池内部外观检查与清洁 | 正常 | 有缺陷 | |

| 个人防护装备： | 专业工具使用： | | |
|---|---|---|---|
| 技术数据明细： | 发现的其他问题： | | |
| 电池类型 | | | |
| 续航里程 | | | |
| 电机类型 | | | |
| 我确认这张操作信息表上的操作流程是按照标准的要求进行的 | 考评员姓名 | | 考评日期 | |

## 三、实操学生互评

| 学员姓名 | | | | 工作日期 | | |
|---|---|---|---|---|---|---|
| 序号 | 评分项目 | 评分标准 | | | 分值 | 实得分 |
| 1 | 信息资讯 | 根据操作信息表中问题的完成情况进行评分，具体评分标准可根据信息表问题配备情况确定 | | | 10 | |
| 2 | 计划制订 | 任务工作计划制订；<br>任务工作计划步骤详细、条理清楚；<br>设计内容知识点针对性强、专业性强；<br>查阅过相应的教材、手册或资源；<br>撰写的文字表述准确、合理 | | | 20 | |
| 3 | 任务实施 | 安全防护 | 断开低压电池 | | 35 | |
| | | | 用绝缘胶带包裹蓄电池负极接线端子的金属部件 | | | |
| | | | 放上断电修理的警示牌 | | | |
| | | | 打开车辆的中央储物箱 | | | |
| | | | 拆卸高压维修开关 | | | |
| | | 动力电池总成的基本测试（外部） | 测量动力电池输出母线端口电压 | | | |
| | | | 检查动力电池高压插件外观 | | | |
| | | | 检查动力电池低压插件外观 | | | |
| | | | 动力电池外观检查与清洁 | | | |
| | | | 动力电池连接螺栓检查 | | | |
| | | | 连接动力电池密封测试仪 | | | |
| | | | 测试动力电池总成密封性 | | | |
| | | | 检测动力电池部件之间的绝缘电阻 | | | |
| | | | 测量动力电池箱的等电位阻值 | | | |
| | | 动力电池内部单体电池进行检测与更换 | 拆卸动力电池上盖 | | | |
| | | | 测量动力电池单体组电压 | | | |
| | | | 取下电池组正负极接插件防尘罩 | | | |
| | | | 取下电池组固定螺栓 | | | |
| | | | 断开低压信号接插件 | | | |
| | | | 断开加热片装置的接插件 | | | |
| | | | 预松电池组的接地线固定螺栓 | | | |
| | | | 取下第一组电池组 | | | |
| | | | 检测单体电池 | | | |
| | | | 更换新的单体电池 | | | |
| | | | 安装动力电池上盖 | | | |
| 4 | 检查评估 | 能够全面、仔细地对整个工作过程和结果进行检查评估；<br>能够填写工作任务检查单；<br>能够针对问题提出建设性的意见或建议 | | | 15 | |
| 5 | 工作文档 | 整理并上交所有文档，包括学习任务单、信息单、计划单、记录单、检查单和交接单；<br>文档内容填写规范，字迹清晰，表述准确；<br>文档内容填写完整 | | | 20 | |
| 总分 | | | | | 100 | |

## 四、理实考核评价

| 学员姓名 | | 工作日期 | |
|---|---|---|---|
| 序号 | 评估标准 | | |
| 1 | 1.1　在进行动力电池内部检查时采用适当的保护用具；<br>1.2　了解电动汽车电池单体电压的采样及均衡管理 | | |
| 2 | 能对动力电池箱进行常规检查及保养 | | |
| 3 | 通过动力电池更换的检测步骤、内容和技术标准的学习，学生能根据维修手册，在实车上安全规范地更换电动汽车动力电池组中的单体电池 | | |
| | 考评标准 | | 通过（打√） |
| 1 | 人员安全防护措施、车辆安全防护措施 | | |
| 2 | 动力电池内部检测设备的正确使用 | | |
| 3 | 对动力电池单体电池是否需要更换做出正确的判断 | | |
| 4 | 安全、规范地完成动力电池单体电池的拆卸、更换、检测 | | |

| 考评评价 | 打（√） | 当学员未通过时必须给出书面反馈（参考评估标准） |
|---|---|---|
| 通过，我确认学员的操作符合要求并且达到了本单元的评估标准 | | |
| 未通过，开展的操作没有达到要求和规定的评估标准（给学员书面反馈） | | |
| 考评员签字 | | |
| 考评日期 | | |
| 在考评员给出考评结果和考评反馈之后，以下部分由学员自行填写 | | |

| 兹声明上述工作由我本人完成，并收到考评老师的反馈 | 学员签名 | | 确认日期 | |
|---|---|---|---|---|

## 任务 4.1　电机驱动系统的基本检查

### 一、理论知识考核

| 学员姓名 | | 工作日期 | |
|---|---|---|---|
| 及格分数 | 30 分 | 评价得分 | |

1. 简述纯电动汽车电机的作用。（10 分）

2. 写出纯电动汽车电机驱动系统的组成。（4 分）

3. 简述与传统燃油汽车相比，纯电动汽车的优点与缺点。（10 分）

4. 简述集中驱动系统布置形式。（6 分）

5. 画出集中驱动的结构。（20 分）

我确认本次知识考评单上所实施的作业达到了必需的标准

考评员姓名（签名）：　　　　　　　　　日期：

## 二、任务实施考核

| 学员姓名 | | 工作日期 | |
|---|---|---|---|
| 车辆细节 | | | |
| 车辆登记号 | | 车辆 VIN 码 | |
| 制造厂商 | | 车型 | |

工作计划：在车间以小组为单位，每人查阅一种纯电动车型资料，完成电机驱动系统的基本检查

| 1. 工作电压： | 2. 最大功率： |
|---|---|
| 3. 最高转速： | 4. 防护等级： |
| 5. 绝缘等级： | 6. 型号： |
| 7. 最大转矩： | |

详细写出实施的工作过程（必要时可在单独的纸上继续）：

| 个人防护装备： | 专业工具使用： |
|---|---|
| 技术数据明细： | 发现的其他问题： |

| 电机型号 | |
|---|---|
| 电机功率 | |
| 电机冷却液冰点 | |

| 我确认这张操作信息表上的操作流程是按照标准的要求进行的 | 考评员姓名 | | 考评日期 | |
|---|---|---|---|---|

## 三、实操学生互评

| 序号 | 评分项目 | 评分标准 | | 分值 | 实得分 |
|---|---|---|---|---|---|
| | 学员姓名 | | 工作日期 | | |
| 1 | 信息资讯 | 根据操作信息表中问题的完成情况进行评分，具体评分标准可根据信息表问题配备情况确定 | | 10 | |
| 2 | 计划制订 | 任务工作计划制订；<br>任务工作计划步骤详细、条理清楚；<br>设计内容知识点针对性强、专业性强；<br>查阅过相应的教材、手册或资源；<br>撰写的文字表述准确、合理 | | 20 | |
| 3 | 任务实施 | 作业前准备 | 学员清洁、整理工位，准备好相关的工具和物品 | 35 | |
| | | | 学生按队列形式站立在工位两边 | | |
| | | | 检查车辆是否停放正确 | | |
| | | | 安装场地隔离带 | | |
| | | | 安放安全警示牌 | | |
| | | | 在车顶安放好危险警示牌 | | |
| | | | 操作人员穿戴检查，必须要穿戴好工作服和绝缘鞋 | | |
| | | | 安装车轮挡块 | | |
| | | | 车内外三件套 | | |
| | | 电机控制器基本检查 | 外观、安装情况检查 | | |
| | | | 检查冷却水管接头是否有泄漏 | | |
| | | | 检查冷却液位及质量 | | |
| | | | 接地检查 | | |
| | | | DC-DC 电压检查 | | |
| | | 驱动电机的基本检查 | 举升车辆 | | |
| | | | 正确记录驱动电机铭牌 | | |
| | | | 检查驱动电机低压控制线束插件外观 | | |
| | | | 检查驱动电机高压线缆动力电池端插件外观 | | |
| | | | 检查冷却水管管路有无老化、渗漏 | | |
| | | | 电机机械连接紧固 | | |
| | | | 接地线连接 | | |
| | | 7S 整理 | 下降举升机，放下车辆 | | |
| | | | 安装动力电池维修开关 | | |
| | | | 安装蓄电池负极 | | |
| | | | 对电动汽车进行上电测试 | | |
| | | | 整理整顿 | | |
| 4 | 检查评估 | 能够全面、仔细地对整个工作过程和结果进行检查评估；<br>能够填写工作任务检查单；<br>能够针对问题提出建设性的意见或建议 | | 15 | |
| 5 | 工作文档 | 整理并上交所有文档，包括学习任务单、信息单、计划单、记录单、检查单和交接单；<br>文档内容填写规范，字迹清晰，表述准确；<br>文档内容填写完整 | | 20 | |
| 总分 | | | | 100 | |

## 四、理实考核评价

| 学员姓名 | | | 工作日期 | |
|---|---|---|---|---|
| 序号 | | 评估标准 | | |
| 1 | 1.1 在对系统检查时采用适当的保护用具；<br>1.2 在了解查看车辆时采用恰当和安全的操作方式 | | | |
| 2 | 2.1 能解释纯电动汽车电机驱动系统的特点；<br>2.2 了解纯电动汽车电机驱动系统的组成 | | | |
| 3 | 3.1 了解电动汽车电机控制器的结构和特点；<br>3.2 了解电机驱动系统的作用 | | | |
| 4 | 4.1 能够查阅选择正确的技术资料；<br>4.2 能够正确理解绝缘与接地的作用；<br>4.3 能够正确完成电机驱动系统的基本检查 | | | |
| | 考评标准 | | | 通过（打√） |
| 1 | 能够对纯电动汽车进行安全操作 | | | |
| 2 | 知道纯电动汽车的电机驱动系统的部件名称及作用 | | | |
| 3 | 了解纯电动汽车电动驱动系统的基本检查内容 | | | |
| 4 | 能够安全、正确地实施电机驱动系统的基本检查 | | | |
| 考评评价 | 打（√） | 当学员未通过时必须给出书面反馈（参考评估标准） | | |
| 通过，我确认学员的操作符合要求并且达到了本单元的评估标准 | | | | |
| 未通过，开展的操作没有达到要求和规定的评估标准（给学员书面反馈） | | | | |
| 考评员签字 | | | | |
| 考评日期 | | | | |
| 在考评员给出考评结果和考评反馈之后，以下部分由学员自行填写 | | | | |
| 兹声明上述工作由我本人完成，并收到考评老师的反馈 | 学员签名 | | 确认日期 | |

# 任务 4.2 电机控制系统的维护与保养

## 一、理论知识考核

| 学员姓名 | | 工作日期 | |
|---|---|---|---|
| 及格分数 | 30 分 | 评价得分 | |

1. 简述电机控制器的作用。（10 分）

2. 写出纯电动汽车电机控制器的接口名称。（10 分）

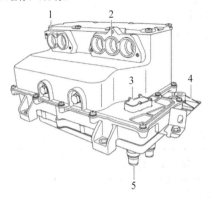

1—

2—

3—

4—

5—

3. 简述电机控制器的类型。（4 分）

4. 简述电机控制器的组成。（6 分）

5. 画出电机控制器的工作示意图。（20 分）

我确认本次知识考评单上所实施的作业达到了必需的标准

考评员姓名（签名）：　　　　　　　　　日期：

## 二、任务实施考核

| 学员姓名 | | 工作日期 | |
|---|---|---|---|
| 车辆细节 | | | |
| 车辆登记号 | | 车辆 VIN 码 | |
| 制造厂商 | | 车型 | |

工作计划：在车间以小组为单位，每人查阅一种纯电动车型资料，完成电机控制器与三相线束的维护与保养

详细写出实施的工作过程（必要时可在单独的纸上继续）：

| 个人防护装备： | 专业工具使用： |
|---|---|

| 技术数据明细： | | 发现的其他问题： |
|---|---|---|
| 三相线束紧固螺栓扭矩 | | |
| 绝缘电阻最小值 | | |
| 下电后验电电压 | | |

| 我确认这张操作信息表上的操作流程是按照标准的要求进行的 | 考评员姓名 | | 考评日期 | |
|---|---|---|---|---|

## 三、实操学生互评

| | 学员姓名 | | 工作日期 | | | |
|---|---|---|---|---|---|---|
| 序号 | 评分项目 | 评分标准 | | | 分值 | 实得分 |
| 1 | 信息资讯 | 根据操作信息表中问题的完成情况进行评分，具体评分标准可根据信息表问题配备情况确定 | | | 10 | |
| 2 | 计划制订 | 任务工作计划制订；<br>任务工作计划步骤详细、条理清楚；<br>设计内容知识点针对性强、专业性强；<br>查阅过相应的教材、手册或资源；<br>撰写的文字表述准确、合理 | | | 20 | |
| 3 | 任务实施 | 作业前准备 | 学员清洁、整理工位，准备好相关的工具和物品 | | 35 | |
| | | | 学生按队列形式站立在工位两边 | | | |
| | | | 检查车辆是否停放正确 | | | |
| | | | 安装场地隔离带 | | | |
| | | | 安放安全警示牌 | | | |
| | | | 在车顶安放好危险警示牌 | | | |
| | | | 操作人员穿戴检查，必须要穿戴好工作服和绝缘鞋 | | | |
| | | | 安装车轮挡块 | | | |
| | | | 车内外三件套 | | | |
| | | | 登记车辆信息 | | | |
| | | 电机控制系统的维护与保养 | 拆卸蓄电池负极并做保护 | | | |
| | | | 拆卸高压直母线并保护 | | | |
| | | | 等待15min，验电 | | | |
| | | | 断开低压线束接头 | | | |
| | | | 拆卸电机控制器上盖的8个螺栓，取下电机控制器上盖 | | | |
| | | | 用万用表检查直流正、负极电压是否小于1V | | | |
| | | | 拆卸驱动电机三相线束连接器 | | | |
| | | | 拆卸驱动电机三相线束端子 | | | |
| | | | 拆卸电机控制器高压线线束连接器 | | | |
| | | | 拆卸电机控制器高压线线束端子 | | | |
| | | | 取下电机控制器搭铁防尘盖 | | | |
| | | | 拆卸电机控制器的两根搭铁线束固定螺母，脱开搭铁线束 | | | |
| | | | 测量高压线束的绝缘性 | | | |
| | | | 测量电机线束的绕组电阻 | | | |
| | | | 连接电机控制器线束插头 | | | |
| | | | 连接两根搭铁线，紧固螺母，盖上防尘盖 | | | |
| | | | 连接三相线束，预紧驱动电机三相线束连接器 | | | |
| | | | 紧固驱动电机三相线束连接器 | | | |
| | | | 连接分线盒电机控制器高压线线束连接器 | | | |
| | | | 紧固分线盒电机控制器高压线线束连接器 | | | |
| | | | 放置电机控制器端盖，紧固电机控制器端盖的8个螺栓 | | | |
| | | | 检查安装是否完好 | | | |
| | | | 连接直流高压母线 | | | |
| | | 7S整理 | 安装蓄电池负极 | | | |
| | | | 对电动汽车进行上电测试 | | | |
| | | | 整理整顿 | | | |
| 4 | 检查评估 | 能够全面、仔细地对整个工作过程和结果进行检查评估；<br>能够填写工作任务检查单；<br>能够针对问题提出建设性的意见或建议 | | | 15 | |
| 5 | 工作文档 | 整理并上交所有文档，包括学习任务单、信息单、计划单、记录单、检查单和交接单；<br>文档内容填写规范，字迹清晰、表述准确；<br>文档填写内容完整 | | | 20 | |
| 总分 | | | | | 100 | |

## 四、理实考核评价

| 学员姓名 | | 工作日期 | |
|---|---|---|---|
| 序号 | 评估标准 | | |
| 1 | 1.1 在系统检查时采用适当的保护用具；<br>1.2 在了解查看车辆时采用恰当和安全的操作方式 | | |
| 2 | 2.1 能解释纯电动汽车电机控制器的含义；<br>2.2 了解纯电动汽车电机控制器的类型 | | |
| 3 | 3.1 了解电动汽车电机控制器的结构和特点；<br>3.2 了解电机控制器的作用 | | |
| 4 | 4.1 能够查阅选择正确的技术资料；<br>4.2 能够正确理解绝缘测试；<br>4.3 能够正确完成电机控制器与三相线束的检查 | | |
| 考评标准 | | | 通过（打√） |
| 1 | 能够对纯电动汽车进行安全操作 | | |
| 2 | 知道纯电动汽车的电机控制器的含义 | | |
| 3 | 了解纯电动汽车电动控制器的结构特点与作用 | | |
| 4 | 能够安全、正确地实施电机控制器与三相线束的检查 | | |

| 考评评价 | 打（√） | 当学员未通过时必须给出书面反馈（参考评估标准） |
|---|---|---|
| 通过，我确认学员的操作符合要求并且达到了本单元的评估标准 | | |
| 未通过，开展的操作没有达到要求和规定的评估标准（给学员书面反馈） | | |
| 考评员签字 | | |
| 考评日期 | | |
| 在考评员给出考评结果和考评反馈之后，以下部分由学员自行填写 | | |

| 兹声明上述工作由我本人完成，并收到考评老师的反馈 | 学员签名 | | 确认日期 | |
|---|---|---|---|---|

# 任务 4.3　减速器油的检查与更换

## 一、理论知识考核

| 学员姓名 | | 工作日期 | |
|---|---|---|---|
| 及格分数 | 30 分 | 评价得分 | |

1. 简述纯电动汽车减速器的作用。（10 分）

2. 写出纯电动汽车减速器的组成。（10 分）

3. 汽车一般使用_____，并集成_____、差速器等组件，采用电机无级调速控制。（10 分）

4. 减速器放置位置介于_____和_____之间，电机的动力输出轴通过花键直接与减速器_____连接。（15 分）

5. 吉利帝豪 EV450 所使用的减速器是哪种形式？（5 分）

我确认本次知识考评单上所实施的作业达到了必需的标准

考评员姓名（签名）：　　　　　　　　　　日期：

## 二、任务实施考核

| 学员姓名 | | | 工作日期 | | |
|---|---|---|---|---|---|
| 车辆细节 | | | | | |
| 车辆登记号 | | | 车辆 VIN 码 | | |
| 制造厂商 | | | 车型 | | |
| 工作计划：在车间以小组为单位，每人查阅一种纯电动车型资料，完成减速器油的更换 | | | | | |

详细写出实施的工作过程（必要时可在单独的纸上继续）：

| 个人防护装备： | | 专业工具使用： | |
|---|---|---|---|
| 技术数据明细： | | 发现的其他问题： | |
| 减速器型号 | | | |
| 减速器油标号 | | | |
| 减速器油加注量 | | | |
| 我确认这张操作信息表上的操作流程是按照标准的要求进行的 | 考评员姓名 | | 考评日期 | |

## 三、实操学生互评

| 学员姓名 | | | | 工作日期 | | | |
|---|---|---|---|---|---|---|---|
| 序号 | 评分项目 | 评分标准 | | | | 分值 | 实得分 |
| 1 | 信息资讯 | 根据操作信息表中问题的完成情况进行评分,具体评分标准可根据信息表问题配备情况确定 | | | | 10 | |
| 2 | 计划制订 | 任务工作计划制订;<br>任务工作计划步骤详细、条理清楚;<br>设计内容知识点针对性强、专业性强;<br>查阅过相应的教材、手册或资源;<br>撰写的文字表述准确、合理 | | | | 20 | |
| 3 | 任务实施 | 作业前准备 | 学员清洁、整理工位,准备好相关的工具和物品 | | | 35 | |
| | | | 学生按队列形式站立在工位两边 | | | | |
| | | | 检查车辆是否停放正确 | | | | |
| | | | 安装场地隔离带 | | | | |
| | | | 安放安全警示牌 | | | | |
| | | | 在车顶安放好危险警示牌 | | | | |
| | | | 操作人员穿戴检查,必须要穿戴好工作服和绝缘鞋 | | | | |
| | | | 安装车轮挡块 | | | | |
| | | | 车内外三件套 | | | | |
| | | 减速器油的检查与更换 | 举升车辆 | | | | |
| | | | 检查减速器是否有变形、磕碰、漏油等情况 | | | | |
| | | | 检查电机与减速器连接是否牢固 | | | | |
| | | | 扭松减速器油加油螺栓 | | | | |
| | | | 安装接油机,扭松减速器油放油螺栓,排净减速器油 | | | | |
| | | | 检查放油螺栓和加油螺栓是否损坏、密封圈是否完好 | | | | |
| | | | 紧固放油螺栓至规定扭矩 | | | | |
| | | | 安装并检查加注机,连接加注机油管至减速器加注口 | | | | |
| | | | 加注减速器油 | | | | |
| | | | 拆除加注机油管 | | | | |
| | | | 安装减速器加注螺栓至规定扭矩 | | | | |
| | | | 静置车辆15min,检查加注油口与放油口是否有渗漏 | | | | |
| | | 7S整理 | 下降举升机,放下车辆 | | | | |
| | | | 对电动汽车进行上电测试 | | | | |
| | | | 整理整顿 | | | | |
| 4 | 检查评估 | 能够全面、仔细地对整个工作过程和结果进行检查评估;<br>能够填写工作任务检查单;<br>能够针对问题提出建设性的意见或建议 | | | | 15 | |
| 5 | 工作文档 | 整理并上交所有文档,包括学习任务单、信息单、计划单、记录单、检查单和交接单;<br>文档内容填写规范,字迹清晰,表述准确;<br>文档填写内容完整 | | | | 20 | |
| 总分 | | | | | | 100 | |

## 四、理实考核评价

| 学员姓名 | | | 工作日期 | |
|---|---|---|---|---|
| 序号 | | 评估标准 | | |
| 1 | 1.1　在系统检查时采用适当的保护用具；<br>1.2　在了解查看车辆时采用恰当和安全的操作方式 | | | |
| 2 | 2.1　能解释纯电动汽车减速器的特点；<br>2.2　了解纯电动汽车电机减速器的组成 | | | |
| 3 | 3.1　了解电动汽车减速器的分类 | | | |
| 4 | 4.1　能够查阅、选择正确的技术资料；<br>4.2　能够正确理解更换减速器油的目的；<br>4.3　能够正确地实施减速器油的更换 | | | |
| | 考评标准 | | | 通过（打√） |
| 1 | 能够对纯电动汽车进行安全操作 | | | |
| 2 | 知道纯电动汽车的减速器的部件名称及作用 | | | |
| 3 | 了解纯电动汽车减速器的类型 | | | |
| 4 | 能够安全、正确地实施减速器油的更换 | | | |
| 考评评价 | 打（√） | 当学员未通过时必须给出书面反馈（参考评估标准） | | |
| 通过，我确认学员的操作符合要求并且达到了本单元的评估标准 | | | | |
| 未通过，开展的操作没有达到要求和规定的评估标准（给学员书面反馈） | | | | |
| 考评员签字 | | | | |
| 考评日期 | | | | |
| 在考评员给出考评结果和考评反馈之后，以下部分由学员自行填写 | | | | |
| 兹声明上述工作由我本人完成，并收到考评老师的反馈 | 学员签名 | | 确认日期 | |

# 项目 5 空调系统的维护与保养

## 任务 5.1 空调系统的基本检查

### 一、理论知识考核

| 学员姓名 | | 工作日期 | |
|---|---|---|---|
| 及格分数 | 30 分 | 评价得分 | |

1. 简述电动汽车空调系统的基本组成。（5 分）

2. 简述电动汽车空调制冷系统的组成。（5 分）

3. 简述电动汽车空调制冷系统的工作原理。（20 分）

4. 简述电动汽车空调制热系统的组成。（10 分）

5. 简述电动汽车空调通风系统的组成。（10 分）

我确认本次知识考评单上所实施的作业达到了必需的标准

考评员姓名（签名）：　　　　　　　　日期：

## 二、任务实施考核

| 学员姓名 | | | 工作日期 | | |
|---|---|---|---|---|---|
| 车辆细节 | | | | | |
| 车辆登记号 | | | 车辆 VIN 码 | | |
| 制造厂商 | | | 车型 | | |

工作计划：在车间以小组为单位，每人查阅纯电动车型资料，认识汽车空调仪表的含义，了解如何正确使用汽车空调，能够对汽车进行基本检查

详细写出实施的工作过程（必要时可在单独的纸上继续）：

| 个人防护装备： | | 专业工具使用： | |
|---|---|---|---|
| 技术数据明细： | | 发现的其他问题： | |
| 电池类型 | | | |
| 续航里程 | | | |
| 电机类型 | | | |
| 我确认这张操作信息表上的操作流程是按照标准的要求进行的 | 考评员姓名 | | 考评日期 | |

## 三、实操学生互评

| 学员姓名 | | | | 工作日期 | | | |
|---|---|---|---|---|---|---|---|
| 序号 | 评分项目 | 评分标准 | | | | 分值 | 实得分 |
| 1 | 信息资讯 | 根据操作信息表中问题的完成情况进行评分，具体评分标准可根据信息表问题配备情况确定 | | | | 10 | |
| 2 | 计划制订 | 任务工作计划制订；<br>任务工作计划步骤详细、条理清楚；<br>设计内容知识点针对性强、专业性强；<br>查阅过相应的教材、手册或资源；<br>撰写的文字表述准确合理 | | | | 20 | |
| 3 | 任务实施 | 作业前准备 | | 人员安全防护 | | 35 | |
| | | | | 设备安全防护 | | | |
| | | 操作过程 | | 汽车空调面板介绍 | | | |
| | | | | 检查空调部件 | | | |
| | | | | 检查汽车空调效果 | | | |
| | | | | 更换空调滤清器 | | | |
| | | 7S 整理 | | 整理、整顿 | | | |
| 4 | 检查评估 | 能够全面、仔细地对整个工作过程和结果进行检查评估；<br>能够填写工作任务检查单；<br>能够针对问题提出建设性的意见或建议 | | | | 15 | |
| 5 | 工作文档 | 整理并上交所有文档；<br>文档内容填写规范，字迹清晰，表述准确；<br>文档内容填写完整 | | | | 20 | |
| 总分 | | | | | | 100 | |

## 四、理实考核评价

| 学员姓名 | | 工作日期 | |
|---|---|---|---|
| 序号 | 评估标准 | | |
| 1 | 1.1 在了解、查看车辆时采用适当的保护用具；<br>1.2 在了解、查看车辆时采用恰当和安全的操作方式 | | |
| 2 | 2.1 了解空调系统的概念；<br>2.2 理解空调系统的组成 | | |
| 3 | 3.1 理解空调制冷系统的组成；<br>3.2 理解空调制冷系统的工作原理 | | |
| 4 | 4.1 理解空调制热系统的组成；<br>4.2 理解空调制热系统的工作原理 | | |
| 考评标准 | | | 通过（打√） |
| 1 | 知道空调各个系统组成和部件 | | |
| 2 | 能够对空调系统进行基本的检查 | | |
| 3 | 了解空调系统的工作原理 | | |

| 考评评价 | 打（√） | 当学员未通过时必须给出书面反馈（参考评估标准） |
|---|---|---|
| 通过，我确认学员的操作符合要求并且达到了本单元的评估标准 | | |
| 未通过，开展的操作没有达到要求和规定的评估标准（给学员书面反馈） | | |
| 考评员签字 | | |
| 考评日期 | | |
| 在考评员给出考评结果和考评反馈之后，以下部分由学员自行填写 | | |

| 兹声明上述工作由我本人完成，并收到考评老师的反馈 | 学员签名 | | 确认日期 | |
|---|---|---|---|---|

# 任务5.2　空调制冷剂的加注与回收

## 一、理论知识考核

| 学员姓名 | | 工作日期 | |
|---|---|---|---|
| 及格分数 | 30分 | 评价得分 | |

1. 简述制冷剂的分类，并且说明哪几种是有害的，哪几种是无害的。（20分）

2. 简述制冷剂鉴别的目的。（10分）

3. 简述制冷剂回收的目的。（15分）

4. 简述制冷剂检漏的方法。（5分）

我确认本次知识考评单上所实施的作业达到了必需的标准

考评员姓名（签名）：　　　　　　　　　日期：

## 二、任务实施考核

| 学员姓名 | | 工作日期 | |
|---|---|---|---|
| 车辆细节 | | | |
| 车辆登记号 | | 车辆 VIN 码 | |
| 制造厂商 | | 车型 | |

工作计划：在车间以小组为单位，查阅资料，操作各种仪器，帮助小陈添加制冷剂

详细写出实施的工作过程（必要时可在单独的纸上继续）：

| 个人防护装备： | | 专业工具使用： | | |
|---|---|---|---|---|
| 技术数据明细： | | 发现的其他问题： | | |
| 电池类型 | | | | |
| 续航里程 | | | | |
| 电机类型 | | | | |
| 我确认这张操作信息表上的操作流程是按照标准的要求进行的 | 考评员姓名 | | 考评日期 | |

### 三、实操学生互评

| 序号 | 评分项目 | 评分标准 | | | 分值 | 实得分 |
|---|---|---|---|---|---|---|
| | 学员姓名 | | | 工作日期 | | |
| 1 | 信息资讯 | 根据操作信息表中问题的完成情况进行评分,具体评分标准可根据信息表问题配备情况确定 | | | 10 | |
| 2 | 计划制订 | 任务工作计划制订;<br>任务工作计划步骤详细、条理清楚;<br>设计内容知识点针对性强、专业性强;<br>查阅过相应的教材、手册或资源;<br>撰写的文字表述准确合理 | | | 20 | |
| 3 | 任务实施 | 作业前准备 | 人员安全防护 | | 35 | |
| | | | 设备安全防护 | | | |
| | | 操作过程 | 鉴别制冷剂 | | | |
| | | | AC350仪器的检查与空调管路的连接 | | | |
| | | | 排气 | | | |
| | | | 回收制冷剂 | | | |
| | | | 排油 | | | |
| | | | 保压 | | | |
| | | | 第一次抽真空 | | | |
| | | | 注油 | | | |
| | | | 第二次抽真空 | | | |
| | | | 查看维修手册 | | | |
| | | | 充注制冷剂 | | | |
| | | | 对高、低压维修阀口进行检漏作业 | | | |
| | | 7S整理 | 整理、整顿 | | | |
| 4 | 检查评估 | 能够全面、仔细地对整个工作过程和结果进行检查评估;<br>能够填写工作任务检查单;<br>能够针对问题提出建设性的意见或建议 | | | 15 | |
| 5 | 工作文档 | 整理并上交所有文档;<br>文档内容填写规范,字迹清晰,表述准确;<br>文档内容填写完整 | | | 20 | |
| | | 总分 | | | 100 | |

## 四、理实考核评价

| 学员姓名 | | 工作日期 | |
|---|---|---|---|
| 序号 | 评估标准 | | |
| 1 | 1.1 在了解、查看车辆时采用适当的保护用具；<br>1.2 在了解、查看车辆时采用恰当和安全的操作方式 | | |
| 2 | 2.1 了解制冷剂；<br>2.2 掌握根据制冷剂的鉴定数据分析、判定制冷剂性能的方法 | | |
| 3 | 3.1 能够正确操作 AC350；<br>3.2 能够正确操作制冷剂鉴别仪 | | |
| 4 | 4.1 能够查阅、选择正确的技术资料；<br>4.2 能够正确选取制冷剂鉴别仪 | | |
| | 考评标准 | | 通过（打√） |
| 1 | 能够对制冷剂的加注回收进行安全操作 | | |
| 2 | 能够熟练地操作制冷剂鉴别仪 | | |
| 3 | 能够操作电子检漏仪 | | |
| 4 | 能够正确地使用 AC350 | | |
| 考评评价 | 打（√） | 当学员未通过时必须给出书面反馈（参考评估标准） | |
| 通过，我确认学员的操作符合要求并且达到了本单元的评估标准 | | | |
| 未通过，开展的操作没有达到要求和规定的评估标准（给学员书面反馈） | | | |
| 考评员签字 | | | |
| 考评日期 | | | |
| 在考评员给出考评结果和考评反馈之后，以下部分由学员自行填写 | | | |
| 兹声明上述工作由我本人完成，并收到考评老师的反馈 | 学员签名 | | 确认日期 |

## 任务 6.1　车载充放电设备的使用与维护

### 一、理论知识考核

| 学员姓名 | | 工作日期 | |
|---|---|---|---|
| 及格分数 | 30 分 | 评价得分 | |

1. 根据图示写出充电枪结构。（20 分）
1—
2—
3—
4—

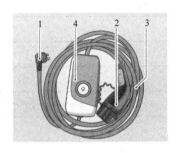

2. 新能源电动汽车充电的过程可以分为哪 6 个阶段？（5 分）

3. 写出交流充电操作注意事项。（10 分）

4. 写出长时间停驶应注意的事项。（5 分）

5. 写出应急对外放电使用应注意的事项。（10 分）

我确认本次知识考评单上所实施的作业达到了必需的标准

考评员姓名（签名）：　　　　　　　　　日期：

## 二、任务实施考核

| 学员姓名 | | 工作日期 | |
|---|---|---|---|
| 车辆细节 | | | |
| 车辆登记号 | | 车辆 VIN 码 | |
| 制造厂商 | | 车型 | |

工作计划：演示采用正确的方式对纯电动汽车用 220V 交流电源充电和对外应急放电

详细写出实施的工作过程（必要时可在单独的纸上继续）：

| 个人防护装备： | 专业工具使用： | |
|---|---|---|
| 技术数据明细： | 发现的其他问题： | |
| 电池容量 | | |
| 续航里程 | | |
| 充电器输入电压 | | |

| 我确认这张操作信息表上的操作流程是按照标准的要求进行的 | 考评员姓名 | | 考评日期 | |
|---|---|---|---|---|

## 三、实操学生互评

| 序号 | 评分项目 | 评分标准 | | 分值 | 实得分 |
|---|---|---|---|---|---|
| | 学员姓名 | | 工作日期 | | |
| 1 | 信息资讯 | 根据操作信息表中问题的完成情况进行评分，具体评分标准可根据信息表问题配备情况确定 | | 10 | |
| 2 | 计划制订 | 任务工作计划制订；<br>任务工作计划步骤详细、条理清楚；<br>设计内容知识点针对性强、专业性强；<br>查阅过相应的教材、手册或资源；<br>撰写的文字表述准确合理 | | 20 | |
| 3 | 任务实施 | 作业过程 | 正确取出充电枪 | 35 | |
| | | | 查阅车辆用户手册 | | |
| | | | 正确连接车辆、充电枪和220V电源 | | |
| | | | 正确识别220V插座类型 | | |
| | | | 能够进行充电评估 | | |
| | | | 学员清洁、整理工位，准备好相关的工具和物品 | | |
| | | | 学生按队列形式站立在工位两边 | | |
| | | | 检查车辆是否停放正确 | | |
| | | | 能够正确描述充电过程 | | |
| | | | 举升车辆（如有必要） | | |
| | | 安全防护 | 将车辆停放在带绝缘垫的工位上（如有必要） | | |
| | | | 放上维修的警示牌（如有必要） | | |
| | | 7S整理 | 切断充电枪连接 | | |
| | | | 切断充电线路连接 | | |
| | | | 充电枪复位 | | |
| | | | 场地整理整顿 | | |
| 4 | 检查评估 | 能够全面、仔细地对整个工作过程和结果进行检查和评估；<br>能够填写工作任务检查单；<br>能够针对问题提出建设性的意见或建议 | | 15 | |
| 5 | 工作文档 | 整理并上交所有文档；<br>文档内容填写规范，字迹清晰，表述准确；<br>文档内容填写完整 | | 20 | |
| | 总分 | | | 100 | |

## 四、理实考核评价

| 序号 | 评估标准 | |
|---|---|---|
| | 学员姓名 | 工作日期 |
| 1 | 1.1　在操作车辆和充电设备时采用适当的保护用具；<br>1.2　在操作车辆和充电设备时采用恰当和安全的操作方式 | |
| 2 | 2.1　了解电动汽车充电方式；<br>2.2　熟悉车载充电枪的结构；<br>2.3　清楚电动汽车的充电过程 | |
| 3 | 3.1　学会交流充电的操作方法；<br>3.2　了解应急对外放电安全操作 | |
| 4 | 4.1　在对纯电动汽车操作时查阅、选择正确的技术资料和用户手册；<br>4.2　能够正确展示一辆纯电动汽车的充电过程；<br>4.3　能够正确使用工具设备 | |

| | 考评标准 | 通过（打√） |
|---|---|---|
| 1 | 能够对纯电动汽车进行安全操作 | |
| 2 | 知道纯电动汽车的充电设备和充电过程 | |
| 3 | 了解对纯电动汽车安全充电的方法 | |
| 4 | 能够安全、正确地对纯电动汽车充电 | |

| 考评评价 | 打（√） | 当学员未通过时必须给出书面反馈（参考评估标准） |
|---|---|---|
| 通过，我确认学员的操作符合要求并且达到了本单元的评估标准 | | |
| 未通过，开展的操作没有达到要求和规定的评估标准（给学员书面反馈） | | |
| 考评员签字 | | |
| 考评日期 | | |
| 在考评员给出考评结果和考评反馈之后，以下部分由学员自行填写 | | |

| 兹声明上述工作由我本人完成，并收到考评老师的反馈 | 学员签名 | | 确认日期 | |
|---|---|---|---|---|

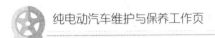 

# 任务 6.2　商用充电桩的使用

## 一、理论知识考核

| 学员姓名 | | 工作日期 | |
|---|---|---|---|
| 及格分数 | 30 分 | 评价得分 | |

1. 解释 AC-DC 整流模块作用。（5 分）

2. 描述交流充电桩、直流充电桩充电方式。（10 分）

3. 写出充电前需要做的检查项目。（15 分）

4. 判断下图哪个接口是直流接口，哪个接口是交流接口。（5 分）

5. 请描述充电桩发生火灾时，应如何处理。（15 分）

我确认本次知识考评单上所实施的作业达到了必需的标准

考评员姓名（签名）：　　　　　　　　　　日期：

## 二、任务实施考核

| 学员姓名 | | 工作日期 | |
|---|---|---|---|
| 车辆细节 | | | |
| 车辆登记号 | | 车辆 VIN 码 | |
| 制造厂商 | | 车型 | |

工作计划：

1）正确地检查充电桩是否符合安全标准；

2）正确、安全地操作商用直流充电桩给电动汽车充电

详细写出实施的工作过程（必要时可在单独的纸上继续）：

| 个人防护装备： | 专业工具使用： |
|---|---|

| 技术数据明细： | 发现的其他问题： |
|---|---|

| 电池容量 | |
|---|---|
| 续航里程 | |
| 充电口规格 | |

| 我确认这张操作信息表上的操作流程是按照标准的要求进行的 | 考评员姓名 | | 考评日期 | |
|---|---|---|---|---|

## 三、实操学生互评

| 学员姓名 | | | | 工作日期 | | | |
|---|---|---|---|---|---|---|---|
| 序号 | 评分项目 | | 评分标准 | | | 分值 | 实得分 |
| 1 | 信息资讯 | | 根据操作信息表中问题的完成情况进行评分，具体评分标准可根据信息表问题配备情况确定 | | | 10 | |
| 2 | 计划制订 | | 任务工作计划制订；<br>任务工作计划步骤详细、条理清楚；<br>设计内容知识点针对性强、专业性强；<br>查阅过相应的教材、手册或资源；<br>撰写的文字表述准确合理 | | | 20 | |
| 3 | 任务实施 | 作业过程 | 正确查找充电桩位置 | | | 35 | |
| | | | 查阅车辆用户手册 | | | | |
| | | | 正确连接充电桩 | | | | |
| | | | 正确使用充电桩 | | | | |
| | | | 能够进行充电电量评估 | | | | |
| | | | 学员清洁、整理工位，准备好相关的工具和物品 | | | | |
| | | | 学生按队列形式站立在工位两边 | | | | |
| | | | 检查车辆是否停放正确 | | | | |
| | | | 能够正确描述充电过程 | | | | |
| | | | 举升车辆（如有必要） | | | | |
| | | 安全防护 | 将车辆停放在带绝缘垫的工位上（如有必要） | | | | |
| | | | 放上维修的警示牌（如有必要） | | | | |
| | | 7S整理 | 切断充电桩连接 | | | | |
| | | | 切断充电线路连接 | | | | |
| | | | 充电枪复位 | | | | |
| | | | 场地整理整顿 | | | | |
| 4 | 检查评估 | | 能够全面、仔细地对整个工作过程和结果进行检查评估；<br>能够填写工作任务检查单；<br>能够针对问题提出建设性的意见或建议 | | | 15 | |
| 5 | 工作文档 | | 整理并上交所有文档；<br>文档内容填写规范，字迹清晰，表述准确；<br>文档内容填写完整 | | | 20 | |
| 总分 | | | | | | 100 | |

## 四、理实考核评价

| 学员姓名 | | | 工作日期 | |
|---|---|---|---|---|
| 序号 | | 评估标准 | | |
| 1 | | 1.1 在给电动车充电时能够确认充电场地和设备安全；<br>1.2 在给电动车充电时能够采用恰当和安全的操作方式 | | |
| 2 | | 2.1 了解直流充电桩与交流充电桩的充电方式；<br>2.2 了解直流充电桩的内部结构；<br>2.3 掌握直流充电桩的充电原理 | | |
| 3 | | 3.1 学会直流充电桩的使用方法；<br>3.2 熟悉交流充电桩的使用方法 | | |
| 4 | | 4.1 能够查阅选择正确的技术资料；<br>4.2 能够描述充电注意事项 | | |
| | | 考评标准 | | 通过（打√） |
| 1 | | 能够对纯电动汽车充电进行安全操作 | | |
| 2 | | 知道充电桩的结构与充电原理 | | |
| 3 | | 能够正确操作商用直流充电桩 | | |
| 4 | | 能够正确描述充电操作 | | |
| 考评评价 | | 打（√） | 当学员未通过时必须给出书面反馈（参考评估标准） | |
| 通过，我确认学员的操作符合要求并且达到了本单元的评估标准 | | | | |
| 未通过，开展的操作没有达到要求和规定的评估标准（给学员书面反馈） | | | | |
| 考评员签字 | | | | |
| 考评日期 | | | | |
| 在考评员给出考评结果和考评反馈之后，以下部分由学员自行填写 | | | | |
| 兹声明上述工作由我本人完成，并收到考评老师的反馈 | | 学员签名 | 确认日期 | |